FR. LUIS FELIPE MARQUES, OFMCONV.
PE. THIAGO FACCINI PARO

LITURGIA E CATEQUESE:

UM SÓ CORAÇÃO

EDITORA SANTUÁRIO

Imagem da capa:
Cláudio Pastro - Santuário Nacional de Nossa Senhora Aparecida

Dados Internacionais de Catalogação na Publicação (CIP) de acordo com ISBD

M3571 Marques, Luis Felipe

Liturgia e Catequese: um só coração / Luis Felipe Marques, Thiago Faccini Paro. - Aparecida : Editora Santuário, 2024.
120 p. ; 14cm x 21cm.

ISBN: 978-65-5527-472-1

1. Religião. 2. Cristianismo. 3. Liturgia. 4. Catequese. I. Paro, Thiago Faccini. II. Título.

CDD 240
2024-4363 CDU 24

Elaborado por Vagner Rodolfo da Silva - CRB-8/9410

Índice para catálogo sistemático:
1. Religião : Cristianismo 240
2. Religião : Cristianismo 24

1ª impressão

Rua Pe. Claro Monteiro, 342 – 12570-045 – Aparecida-SP
Tel.: 12 3104-2000 – Televendas: 0800 - 0 16 00 04
www.editorasantuario.com.br
vendas@editorasantuario.com.br

Sumário

Lista de Siglas 4
Apresentação 5
Introdução 9

Parte I
A Liturgia e sua linguagem 17
1. A Revelação celebrada 17
2. A ação ritual-simbólica 26
3. A Igreja em oração 35

Parte II
A Liturgia, lugar da Iniciação à Vida Cristã 43
1. A Iniciação à Vida Cristã 43
2. A dimensão litúrgica da Iniciação à Vida Cristã 50
3. O itinerário celebrativo proposto pelo RICA 54

Parte III
A Mistagogia e o Método Mistagógico 79
1. A mistagogia nos primeiros séculos 79
2. Cristo, autor e mistagogo dos sacramentos 89
3. O método mistagógico e a catequese 94

Conclusão 109
Referências bibliográficas 115

Lista de Siglas

AG	Ad Gentes
CIgC	Catecismo da Igreja Católica
DC	Diretório para a Catequese
Doc. 107	Documento da CNBB 107
DD	Desiderio Desideravi
DN	Dilexit Nos
DV	Dei Verbum
EG	Evangelii Gaudium
GS	Gaudium et Spes
IGMR	Instrução Geral do Missal Romano
LG	Lumen Gentium
MR	Missal Romano
OE	Oração Eucarística
PO	Presbyterorum Ordinis
RICA	Ritual de iniciação cristã de adultos
SC	Sacrosanctum Concilium
SaC	Sacramentum Caritatis
UR	Unitatis Redintegratio

Apresentação

O título da obra em questão: "Liturgia e Catequese: um só coração" evidencia a intenção dos autores de ressaltarem a necessidade de se reconhecer que a Catequese e a Liturgia são dimensões importantes e inseparáveis na experiência eclesial com a pessoa de Jesus Cristo e na profissão da fé da própria Igreja. Comunidade de discípulos missionários que em suas ações litúrgicas reconhece a presença de Cristo na celebração dos sacramentos e na proclamação das Sagradas Escrituras (SC 7).

Iluminados pela recente publicação do Papa Francisco da Carta Encíclica *Dilexit nos*: sobre o amor humano e divino do Coração de Jesus, os autores apresentam o coração como centro da personalidade e fonte da qual jorra a expressão máxima do ser humano. Partindo desta imagem vital, reconhecem que a Liturgia e a Catequese, com suas complexidades próprias e intenções diversificadas, não deveriam ser assumidas como um só coração, mas, como a fonte de onde provém toda a vitalidade capaz de sustentar a vivência eclesial da fé.

Refletindo sobre a profundidade do mistério celebrado pela liturgia, os autores mostram que a mesma se comunica de forma ritual-simbólica, apontando, assim, que nas preces e nos ritos de cada celebração experimentamos a inteligência da fé, contemplamos a revelação do projeto salvífico de Deus e tocamos, intimamente, o mistério de seu amor. É por isso que a liturgia dos sacramentos e sacramentais se torna a forma ordinária de oração da Igreja. E, ainda, que sacramentos, ordenados à santificação dos homens, à edificação do Corpo de Cristo e a prestar culto a Deus, são sinais sensíveis que têm a função de instruir, alimentar e fortificar a fé (cf. SC 59).

Quando abordam a temática da Iniciação a Vida Cristã, indicam nas ciências da religião e na antropologia teológica os fundamentos do itinerário educativo cristão. Além disso, ressaltam a intenção do Concílio Vaticano II de restaurar o catecumenato, ao revisitarem o processo catecumenal dos primeiros séculos, sistematizado pelo Ritual da Iniciação Cristã de Adulto – RICA, que é uma fonte primeira e fundamental de estudo e de interação entre liturgia e catequese.

Por fim, ao trazerem à tona, do quarto tempo do itinerário catecumenal, o método litúrgico-mistágogico, Frei Luis Felipe e Pe. Thiago buscam aplicá-lo, de modo concreto e prático, no processo de iniciação à vida cristã, tão sonhado e desejado por toda a Igreja. Indicando que a mistagogia não deve ser apenas a característica do quarto tempo do itinerário ritual, mas o fio condutor que perpassa todo o processo catequético marcado por uma vivência mistagógica e litúrgica. De modo que se reconheça a urgência de uma Iniciação à Vida Cristã mais litúrgica e celebrativa capaz de trazer fecundidade aos diversos estágios da vida, da maturidade e do testemunho cristão e da vivência comunitária e missionária. É a Liturgia que, saciando os fiéis pelos mistérios pascais, os educa e forma, como verdadeiros discípulos missionários, enviados para viver e testemunhar o amor (cf. SC 10).

Deus nos alcança com seu amor, manifestado na cruz redentora de Seu Filho Jesus Cristo, por meio do qual nos tornamos seus filhos e filhas, inflamados pela força do Divino Espírito Santo (Jo 1,12; Rm 5,5). Essa experiência do amor do coração de Deus é condição, sem a qual, os cristãos de hoje jamais seriam iniciados na fé e formados como sinais visíveis do amor divino que deseja alcançar a humanidade inteira. Sobretudo, porque o Coração de Deus humaniza nosso coração, tornando-nos abertos e sensíveis a tudo que é divino-humano. Assim sendo, somente inseridos em um profundo e autêntico caminho de Iniciação à Vida Cristã, é que seremos, verdadeiramente, capazes de alcançar, celebrar e vivenciar nossa vocação batismal. Como peregrinos de Esperança que celebram a fé pascal, reforçam os laços de comunhão trinitária e eclesial e são enviados como testemunhas da Alegria do Evangelho (cf. Documento final do Sínodo, n. 24).

Dom Andherson Franklin Lustoza de Souza
Bispo auxiliar da Arquidiocese de Vitória

Introdução

A relação entre Liturgia e Catequese é sempre mais necessária, importante e urgente. A beleza e a potência do Mistério Pascal de Cristo, da perfeita obra da redenção, é a grande tarefa que esse relacionamento realiza. A vida cristã é sustentada pela liturgia, escola da oração e presença do mistério, e pela catequese, escola da fé e da consolidação da vivência comunitária. A catequese é a maior contribuinte para uma participação ativa, consciente e frutuosa na celebração litúrgica. Focando na centralidade da vida cristã, queremos oferecer que a liturgia e a catequese, além de duas irmãs, dois pulmões, duas faces, duas vias, é o coração da fé.

A biologia do coração humano nos mostra que esse tem dois movimentos responsáveis por bombear o sangue para fora dele. O coração bombeia o sangue para os pulmões, para que ele possa receber oxigênio, e depois bombeia o sangue rico, em oxigênio, para o corpo. O sangue que circula nesse sistema distribui oxigênio e nutrientes para os tecidos do corpo e retira produtos residuais dos tecidos. Os batimentos cardíacos são uma evidência de que o coração está bombeando. A única função do coração é bombear sangue. O lado direito do coração: bombeia sangue para os pulmões, onde oxigênio é adicionado ao sangue e o dióxido de carbono é eliminado. O lado esquerdo do coração: bombeia sangue, para o restante do corpo, onde oxigênio e nutrientes são fornecidos para os tecidos e os resíduos são transferidos para o sangue, para serem removidos por outros órgãos.

> Neste mundo líquido, é necessário voltar a falar do coração; indicar onde cada pessoa, de qualquer classe e condição, faz a própria síntese; onde os seres concretos encontram a fonte e a raiz de todas as suas outras potências, convicções, paixões e escolhas. Movemo-nos, porém, em sociedades de consumidores em série, preocupados só com o agora e dominados pelos ritmos e ruídos da tecnologia, sem muita paciência para os processos que a interioridade exige. Na sociedade atual, o ser humano corre o perigo de se desorientar do centro de si mesmo. O homem contemporâneo encontra-se com frequência transtornado, dividido, quase privado de um princípio interior que crie unidade e harmonia no seu ser e no seu agir. Modelos de comportamento infelizmente bastante difundidos, exaltam a sua dimensão racional-tecnológica ou, ao contrário, a instintiva. Falta o coração (DN 9).

O termo "coração" na linguagem bíblica indica o centro da pessoa e compreende seja a vida intelectiva-afetiva seja a dinâmica decisional-ética. Por isso o coração evoca as profundezas do ser humano e é o lugar das escolhas morais, positivas ou negativas, de amor ou de ódio, de paz ou de violência, de liberdade ou de domínio. No evangelista Mateus, o vocábulo está presente desde o discurso da montanha onde indica decisão e adesão ao discipulado: "somente os puros de coração podem entrar no reino de Deus" (5,3-12); "porque onde está o teu tesouro, estará também o teu coração" (6,21); "do coração nasce o adultério" (5,28) e "todo o pensamento malvado" (9,4); "a boca fala da abundância do coração [...] o homem bom traz coisas boas de seu bom tesouro, enquanto o homem mau tira coisas más de seu mau tesouro" (cf. 12,34-35 e 15,18-19); "roubar o que foi semeado no coração" (13,19). O evangelista Marcos aplica a linguagem do coração à disponibilidade dos ouvintes de Jesus. Na cena do paralítico, Jesus intuiu o modo de pensar dos escribas: "por que pensais assim em vossos corações" (2,8). Ademais, por várias vezes Jesus constata com amargura o fechamento do coração: "entristecido pela dureza de seus corações" (3,5; 8,17); também, os apóstolos demostram um "coração endurecido" (6,52). Lucas, além dos textos comuns com os sinóticos, evoca a interioridade. A vinda de Cristo se deu na história "para que sejam revelados os segredos de muitos corações" (2,35). Com efeito, Deus conhece o coração do homem (16,15) e quer ser amado com totalidade (10,12), superando todo tipo de apego (12,34), de impaciência (12,45) e de incerteza (24,38). O coração é o lugar da experiência com o ressuscitado: "não ardia o nosso coração?" (24,32). Em João, o coração é relativo à mensagem de Jesus (12,40) ou, por oposição, à ação do maligno que colocou no coração de Judas o projeto de traição (13,2). Tem referência também aos discípulos que estão com o coração entristecidos na última ceia (16,6) e a alegria que experimentarão nos acontecimentos pascais: "Vosso coração se alegrará"[1].

A Bíblia considera o coração como o centro da personalidade. Todas as ações da vida fluem dele, o que pensamos, sentimos e realizamos emana do coração. Dessa fonte jorra toda a expressão do nosso ser. Sendo assim, falar que a liturgia e a catequese são um só coração significa mostrar não um simples relacionamento de dependência entre essas duas ações eclesiais, mas uma única relação de sustento da vivência eclesial da fé. O coração humano, para dar vida e funcionamento ao corpo, funciona com os dois movimentos, da mesma forma, o corpo da fé somente pode funcionar se no coração da Igreja tiver dois batimentos: a liturgia e a catequese. A liturgia tem a função primeira de favorecer a experiência divina e a catequese tem a função de purificar essa mesma experiência, para torná-la mais humana e comunitária. Quando não consideramos essas especificidades, perdemos as respostas que a inteligência da fé por si só não pode dar, perdemos a comunhão com Deus e o encontro com os outros. Perdemos a História salvífica e as nossas histórias de salvação, onde somos convidados a fazer dos dramas da existência uma passagem pascal.

A personalidade cristã é formada pela liturgia e educada pela catequese. Com efeito, faz-se necessário que todas as ações da Igreja sejam colocadas sob o controle político do coração. A liturgia, ação divina e humana (cf. SC 2), certeza da presença do Cristo res-

---

[1] Cf. ROCHETTA, Carlo. *Teologia da ternura. Um evangelho a descobrir*. São Paulo: Paulus, 2014, p. 222-232.

suscitado (cf. SC 7), "é simultaneamente a meta para a qual se encaminha a ação da Igreja e a fonte de onde promana toda a sua força [...], por sua vez, ela impele os fiéis, saciados pelos mistérios pascais, a viverem unidos no amor" (SC 10). A catequese, ação eclesial, tem a intenção de ressoar o anúncio da Páscoa no coração de cada pessoa, para que sua vida seja transformada. A catequese acompanha, educa e forma na fé e para a fé, introduz à celebração do Mistério, ilumina e interpreta a vida e integra a história humana (cf. DC 55). A catequese faz parte da anamnese da Igreja que mantém viva a presença do Senhor (cf. DC 201).

Formados pela liturgia em torno ao altar e para a liturgia na catequese edificamos o corpo da Igreja e a missão da fé, a vida intelectiva-afetiva e a dinâmica evangélica-ética de cada fiel batizado. Por isso, a Iniciação à Vida Cristã faz parte do amplo horizonte da evangelização e da missão da Igreja na nova época que vivemos. A Iniciação não é "mais uma atividade", como a liturgia nunca pode ser "mais uma celebração", mas deve ser a razão e o sentido da ação pastoral da Igreja. A finalidade dos sacramentos é a santificação do povo, a formação do corpo de Cristo e, enfim, o culto divino (cf. SC 59). Com tudo isso, torna-se sempre mais clara a necessidade de transformar programas em percursos, conceitos e experiências, teorias em práxis, aulas em encontros mistagógicos e celebrativos[2]. Sendo assim, é preciso pensar um itinerário que contem-

---

[2] Cf. MARQUES, Luis. A iniciação cristã hoje: educar o desejo e consolidar a fé, in: PARANHOS, W. (org.). *Iniciação à Vida Cristã. O que é? Com quem? Como?*. São Paulo: Loyola, 2024, p. 90.

ple a possibilidade de fazer com que a fé seja experimentada pelos sentidos, pela vivência e compreensão de toda ação ritual, tornando-se uma catequese que ensine e ajude a compreender a linguagem própria da liturgia, pois o significado teológico de um rito é o que dá possibilidade à sua interpretação e, ao mesmo tempo, inspira a vitalidade de sua execução.

Portanto, nas breves linhas que compõem este livro, buscaremos apontar caminhos para ajudar nossas comunidades a compreenderem a importância e função da liturgia na Iniciação à Vida cristã, e sua íntima relação com a catequese. Deste modo, no primeiro capítulo, discorremos sobre a liturgia e sua linguagem, ou seja, mostramos que a liturgia tem uma linguagem própria e se comunica através de ritos e símbolos. Mostramos, portanto, como acontece essa dinâmica, de essencial compreensão para os que estão sendo iniciados na fé. No segundo capítulo, definimos o que é Iniciação à Vida Cristã e seu dinamismo, e apontamos o lugar da sagrada liturgia neste processo. De modo especial, apresentamos o Ritual de Iniciação Cristã de Adultos, o famoso RICA, como o principal articulador e unificador das dimensões que compõem o processo iniciático, mostramos a importância e lógica do itinerário celebrativo proposto pelo ritual. Por fim, no capítulo terceiro, explicamos o que é o método próprio para o ensino da liturgia, chamado método litúrgico-mistagógico, herdado da tradição e como aplicá-lo no itinerário de iniciação, fazendo com que catecúmenos e catequizandos vivenciem e compreendam a lógica litúrgico-sacramental da Revelação.

A intenção deste livro é contribuir com a formação dos nossos catequistas, equipes de liturgia e de toda a comunidade, capacitando-os para que cumpram com zelo o ministério a cada um confiado, para sermos um só coração, uma só fé e uma só esperança, "procurando guardar a unidade do Espírito pelo vínculo da paz" (Ef 4,3).

Bom estudo a todos!

PARTE I

A Liturgia e sua linguagem

1. A Revelação celebrada

Em sua bondade e sabedoria, Deus desejou revelar-se a Si mesmo e dar a conhecer o mistério da sua vontade (cf. Ef 1,9), segundo o qual os homens, por meio de Cristo, Verbo encarnado, e do Espírito Santo, tornam-se participantes da natureza divina (DV 2; cf. 2Pd 1,4). É Jesus, Verbo feito carne, plenitude da Revelação, que nos mostra os segredos do Pai, liberta-nos do pecado e da morte e nos garante a Ressurreição (cf. DV 4). Tudo isso torna-se gestos e orações na celebração litúrgica. De tal modo, a admiração pela liturgia deve nascer da descoberta da verdadeira essência, a celebração do mistério pascal de Cristo, o coração pulsante da própria Revelação.

A Revelação de Deus tem sua plenitude no Mistério Pascal de Jesus Cristo, em tudo aquilo que fez na sua vida, realizando a obra da redenção e oferecendo palavras de libertação. É a Revelação da obra da redenção que celebramos na liturgia da Igreja. O modo de celebrar na liturgia deve conformar-se ao modo como Deus se revelou em Jesus, em sua humanidade. A liturgia é Revelação em ação. Com isso, a dinamicidade desse mistério celebrado é humana e divina, visível e invisível, ativa e contemplativa, presente e peregrina (cf. SC 2), pois são nos ritmos e nas vicissitudes do tempo que recordamos e vivemos os mistérios da salvação.

No seu projeto salvífico, com o chamado de Abraão, Deus elegeu um povo e mostrou o seu amor, a sua paciência e a sua fidelidade. O povo eleito experimentou a misericórdia de Deus em diversos momentos, sobretudo, quando fizeram a experiência de libertação do Egito. Deus que escutou o clamor do seu povo, viu o seu sofrimento e se compadeceu, os fez sair e atravessar o mar a pé enxuto. O momento foi tão importante e significativo que não podia ser esquecido.

No livro do Êxodo, encontramos a narrativa que nos fala desse rito pascal de libertação. O texto nos coloca dentro de uma ação litúrgica, que ajuda a manter viva ainda hoje a força deste evento para o povo de Israel. Este tornou-se um memorial, celebrado por todas as gerações como um decreto perpétuo (cf. Ex 12,14). O rito vivido pelo povo de Israel, ainda hoje, não é uma mera repetição de um fato, mas uma memória, que marcou o nascimento de um povo, chamado a viver um novo projeto, que tem o seu fundamento no Deus que caminha no meio deles.

A palavra "memorial", de origem grega "*anámnesis*", é usada para estabelecer a relação da festa da Páscoa com a saída do Egito. É uma memória não no sentido de apenas lembrar, mas de colocar em ato pela re-cord-ação e integração ao fato lembrado, graças à participação na ação ritual celebrada. Este evento, portanto, é vivido e atuado a cada ano, em um conjunto de ações, palavras e gestos: a Páscoa judaica![3]

---

[3] Cf. PEREIRA, Jerônimo. (Org.) et alii. *Formação mistagógica da celebração eucarística*. Brasília: CNBB, 2023, p. 15.

> No sentido que lhe dá a Sagrada Escritura, o *memorial* não é somente a lembrança dos acontecimentos do passado, mas a proclamação das maravilhas que Deus fez pelos homens. Na celebração litúrgica desses acontecimentos, eles tornam-se de certo modo presentes e atuais. É assim que Israel entende a sua libertação do Egito: sempre que se celebrar a Páscoa, os acontecimentos do Êxodo tornam-se presentes à memória dos crentes, para que conformem com eles a sua vida (CIgC 1363).

Como no Antigo Testamento havia uma Páscoa-rito que celebrava e renovava a Páscoa-fato, também no Novo Testamento temos uma Páscoa-rito, que evoca, celebra e torna presente a Páscoa-fato, a Páscoa de Jesus Cristo e da Igreja que faz parte do Corpo de Cristo. Assim, vemos nas palavras de Jesus os elementos da Páscoa antiga: o símbolo pão-corpo dado dá-nos o elemento da Páscoa da libertação do Egito. No sinal vinho-sangue derramado manifesta-se o outro aspecto da Páscoa dos judeus: o sangue da aliança oferecido e aspergido no sacrifício do Sinai, pela qual o povo se tornou um reino de sacerdotes.[4]

Sendo Judeu, Jesus celebrou anualmente este acontecimento da libertação do povo de Israel da escravidão do Egito. Porém, em sua última ceia com seus discípulos, Jesus dá sentido pascal ao rito. Agora não mais a passagem do mar para libertar da escravidão do Egito, mas a passagem (Páscoa) da morte para a vida que liberta da escravidão do pecado. Instituindo a Eucaristia, Jesus consagrou

---

[4] Cf. BECKHAUSER, Alberto. *A liturgia da missa: teologia e espiritualidade da Eucaristia*. Petrópolis: Vozes, 2012, p. 91.

a palavra "memória", dizendo: Fazei isto em memória de mim (Lc 22,19). Ele mandou que se faça a mesma coisa que se fez naquela ceia derradeira, conforme rezamos na Oração Eucarística V (MR, p. 564). Os Padres da Igreja, especialmente os gregos, elaboraram uma rica espiritualidade eucarística a partir dessas palavras de Jesus, que sempre se repetem na liturgia. Para eles, o fruto espiritual da Eucaristia acontece na contínua memória de Jesus.[5]

O memorial não é uma simples lembrança da última ceia, mas, nos ritos instituídos nela, memória da Páscoa de Cristo, da sua passagem da morte para a vida, da nossa libertação pelo seu sangue derramado na cruz. "Se não tivéssemos tido a última Ceia, isto é, a antecipação ritual da sua morte, não teríamos podido compreender como a execução da sua condenação à morte pudesse ser o ato de culto perfeito e agradável ao Pai, o único verdadeiro ato de culto" (DD 7). É este o mistério celebrado na fé eclesial e colocado em ato na celebração eucarística. Através da celebração dominical e cotidiana da Eucaristia, fazemos memória do evento fundante de nossa salvação: a morte e ressurreição de Jesus. O evento fundador, tanto do Antigo quanto do Novo Testamento, é único e irrepetível. O sinal profético, no entanto, dá-nos a possibilidade de voltar e, rompendo com o tempo e o espaço, torná-lo presente hoje. Com a instituição da Eucaristia, Jesus nos dá a possibilidade de participar da salvação realizada por sua morte-ressurreição de forma contínua e perpétua.[6]

---

[5] Cf. MARQUES, Luis. *A mistagogia da missa. Nos ritos e nas preces.* Petrópolis: Vozes, 2023, p. 121.

[6] Cf. PEREIRA, Jerônimo. (Org.) et alii. *Formação mistagógica da celebração eucarística.* Brasília: CNBB, 2023, p. 17.

A memória é uma dimensão constitutiva da história da salvação. O povo de Israel é constantemente convidado a manter viva a memória, para não se esquecer das graças do Senhor. Trata-se de manter no coração os acontecimentos que atestam a iniciativa de Deus, que às vezes são difíceis de entender, mas são percebidos como eventos salvíficos (cf. DC 201). Celebrar a Eucaristia não é simplesmente um "lembrar" a última ceia, mas um "estar" hoje no Cenáculo da Ceia, no Calvário da Cruz e no Jardim da Ressurreição. Tudo isto é mistério da fé. O mistério da fé não é somente um acreditar que Jesus está presente nas espécies Eucarísticas. É muito mais! É ter a certeza de que Deus enviou seu Filho ao mundo, na plenitude dos tempos, no seio de uma mulher, depois de ter falado muitas vezes e de muitos modos pelos profetas, falou-nos Deus, através de seu Filho, o Verbo eterno, que ilumina todos os homens. Jesus Cristo, Verbo feito carne, enviado como homem para os homens, fala, portanto, as palavras de Deus e consuma a obra de salvação que o Pai lhe mandou realizar (cf. DV 4). Por isso, em Cristo se realizou plenamente a nossa reconciliação e se nos deu a plenitude do culto divino (cf. SC 5).

Aprender a celebrar significa aprender a entrar na sequência ritual, fiel ao *que* coisa se celebra (o mistério da salvação), ao *quem* celebra (a assembleia reunida) e ao *como* se celebra. "A relação entre a salvação operada por Deus e a celebração de tal salvação na liturgia é tão estreita que a comunidade cristã não pode crer na primeira sem realizar a segunda"[7]. Dessa forma, a liturgia é uma ação

[7] BONACCORSO, Giorgio. *Celebrare la salvezza: lineamenti di liturgia*. Pádua: Messaggero, 2003, p. 13.

vivencial em que o Mistério da Redenção se torna presente. Na ação, a comunidade participa do fato redentor evocado e acolhe a salvação. "Pelo Mistério, Cristo vive em sua Igreja, age nela e com ela, a mantém e a vivifica; participando na ação ritual, o homem entra em contato com o próprio acontecimento salvífico"[8].

Portanto, a liturgia exige uma passagem do ato interior/subjetivo da recordação para a ação exterior da participação, ou seja, da intenção racional à execução vital, favorecendo o valor intrínseco do corpo. A comunicação litúrgica que se realiza através do Espírito não é simplesmente intelectual nem intimista; nem cerebral ou apenas espiritual. A comunicação realizada pelo Espírito é vital e corporal: do corpo do Ressuscitado ao corpo dos discípulos para formar o corpo da Igreja. A ação do Espírito une o indivíduo à comunidade, juntando o diferente e proporcionando a comunhão. A beleza da liturgia não é uma questão estética de forma, mas uma questão teológica de conteúdo: a beleza da liturgia é a beleza da pessoa de Cristo e do seu dom pascal oferecido à comunidade celebrante (cf. SaC 35).

Na ação litúrgica, o próprio Jesus torna-se presente no meio do seu povo e, se entregando permanentemente como oferta agradável ao Pai, alimenta-o com sua Palavra e com o seu Corpo e Sangue. O sentido pleno do Mistério realiza-se quando a ação sagrada não segue fins meramente terrenos – por exemplo, a feliz lembrança de um povo –, mas quando coloca no coração o desejo de união pessoal com uma outra realidade, a participação na vida

---

[8] CASEL, Odo. *O mistério do culto no cristianismo*. São Paulo: Loyola, 2009, p. 73.

divina. Por isso, no culto, vivenciamos e torna-se de algum modo presente a salvação (cf. IGMR 16). A liturgia não é somente um texto que se recita, nem só um gesto que se realiza ou um rito que se celebra, "é o ser de um evento, ou melhor, é concretamente Jesus Cristo no seu evento pascal, em sua morte, da qual ressurgiu; é sua caridade com o Pai e com toda a humanidade"[9].

Nesse sentido, na celebração litúrgica, relaciona-se ação de Deus e ação do homem. Por um lado, Deus, querendo comunicar-se com sua criatura, encarna-se e realiza o Mistério Pascal, assumindo as palavras e os gestos da vida humana, tornando-os expressão de sua autodoação, e o homem, por outro, dispõe-se a acolher o dom divino. Com isso, descobrimos o valor teologal e teológico do Cristo liturgo, que recapitula no hoje de cada celebração todo o Mistério da Páscoa e de Pentecostes, dando real sentido à liturgia cristã[10]. O sujeito que age na liturgia é sempre e só Cristo-Igreja, o Corpo místico de Cristo (DD 15). Assim, "o fio condutor que liga o tempo de Cristo ao tempo da Igreja, fazendo dos dois um momento único e ininterrupto de salvação, é a liturgia"[11].

De origem grega, o termo liturgia, **LIT** (povo, comunidade), + **URGIA** (serviço, obra, ação), expressa a ação do povo e a ação em favor do povo. Neste sentido o primeiro e maior liturgo é a Santíssima Trindade: Deus Pai com a CRI**AÇÃO**; Deus Filho com a SALV**AÇÃO**; Deus

---

[9] BIFFI, Innis. *Liturgia, sacramentos, festas*. Petrópolis: Vozes, 2022, p. 72.

[10] Cf. NEVES, Marcos; MARQUES, Luis. A Liturgia como ação simbólica-ritual. *Revista Eclesiástica Brasileira*, v. 84, n. 327, p. 72, Jan./Abr. 2024.

[11] ELBERTI, Arturo. A liturgia no Mistério da Igreja. *Cadernos do Concílio 6*. Brasília: Ed. CNBB, 2023, p. 19.

Espírito Santo com a SANTIFIC**AÇÃO** (Cf. CIgC 1069-1109). Essa ação da Trindade em favor da humanidade é a primeira e mais perfeita liturgia. Ao experimentar esse Deus que se inclina em favor da humanidade geramos em nós também a liturgia, quando gratuitamente nos colocamos a serviço do outro.

Liturgia é também celebração. Celebrar é tornar célebre, importante, valorizar algum acontecimento. É uma necessidade humana, é expressar e aprofundar o sentido da existência. Assim, como num aniversário, proclamamos o sentido da vida; nos jogos olímpicos, a unidade e integração entre os povos; nas festas religiosas, que alguém olhe por nós. Liturgia significa que o povo de Deus toma parte na "obra de Deus", e pela liturgia, Cristo, nosso Redentor e Sumo Sacerdote, continua na Igreja, com ela e por ela, a obra de nossa redenção. Na celebração litúrgica, a Igreja é serva à imagem do seu Senhor, o único "liturgo", participando do seu sacerdócio (culto) profético (anúncio) e régio (serviço da caridade). Assim, em nós e por nós, membros do seu Corpo, Cristo continua a obra de santificação do ser humano e de glorificação do Pai. "A história da salvação, vivenciada na liturgia, revela que o Mistério Pascal de Cristo estava em ação ontem, está em ação hoje, assim como estará em ação nos tempos vindouros. A ação de Cristo na liturgia está orientada para a plenitude escatológica".[12]

"Nós sabemos que é só graças a esse encontro que o homem se torna plenamente homem. Só a Igreja do Pentecostes pode conceber o homem como pessoa, aberto a

[12] ELBERTI, Arturo. A liturgia no Mistério da Igreja. *Cadernos do Concílio 6. Brasília*: Ed. CNBB, 2023, p. 25.

uma relação plena com Deus, com a criação e com os irmãos" (DD 33). Se a liturgia é o "cume para o qual tende a ação da Igreja e, ao mesmo tempo, a fonte de onde promana toda a sua energia" (SC 10), compreendemos bem o que é que está em jogo na questão litúrgica (cf. DD 31). A liturgia não tem nada a ver com um moralismo ascético: é o dom da Páscoa do Senhor que, acolhido com docilidade, faz nova a nossa vida (cf. DD 20). Portanto, liturgia é muito mais que um conjunto de normas e rubricas. Participar dela vai muito além de fazer uma leitura, ou levantar os braços e bater palmas. Liturgia é tornar célebre o mistério da nossa salvação, colocando em ação o mandato de Jesus: "Fazei isto em memória de Mim" (Lc 22,19). A liturgia é "o lugar privilegiado da catequese do povo de Deus" (CIgC 1074) e do encontro com Cristo (cf. DD 10). A potência salvífica do sacrifício de Cristo, de qualquer das suas palavras, de todos os seus gestos, olhares, sentimentos alcança-nos na celebração dos sacramentos (cf. DD 11).

> Cristo está sempre presente em sua Igreja, especialmente nas ações litúrgicas. Está presente no Sacrifício Eucarístico, seja na pessoa do ministro, pois, aquele que oferece agora pelo ministério do sacerdote é o mesmo que se ofereceu outrora na cruz, seja, sobretudo, nas espécies eucarísticas. Está presente com sua força nos Sacramentos, de maneira que, quando alguém batiza é Cristo que batiza. Está presente na sua Palavra, pois é Cristo que fala quando se proclama na Igreja a Sagrada Escritura. Está presente ainda quando a Igreja ora

> e canta salmos, pois ele prometeu: "Onde dois ou mais estiverem reunidos em meu nome, eu estarei ali no meio deles" (SC 7).

É do encontro com Cristo nas ações litúrgicas que se vive um processo de transformação do coração humano e de antecipação da plenitude da vida em Deus no hoje da salvação. O encontro com Deus não é fruto de uma individual busca interior d'Ele, mas é um dom recebido. Assim, graças a esse encontro que o homem se torna plenamente homem (cf. DD 33). O verdadeiro encontro com Ele acontece na comunidade que celebra e canta os divinos louvores (cf. SC 7). Não é uma adesão mental ao seu pensamento ou a subscrição de um código de comportamento imposto por Ele: é o imergir-se na sua paixão, morte, ressurreição e ascensão. Portanto, o encontro com Cristo nas ações litúrgicas é o caminho para superar uma visão racional e somente devocional da vivência sacramental[13].

2. A ação ritual-simbólica

Celebrar, simbolizar e ritualizar a existência é tão indispensável ao ser humano quanto comer e beber. O ser humano tem necessidade de expressar e aprofundar o sentido da existência, dos acontecimentos, da vida e da morte. Sendo que esse sentido ultrapassa nossa capacidade racional, necessitamos de símbolos, de mitos e ritos, de festas. Dessa maneira, em qualquer cultura, o ser

---

[13] Cf. MARQUES, Luis. Sacrosanctum Concilium e os sacramentos, in: *Perspectiva Teológica*, v. 55, n. 3, 2023, p. 660.

humano não pode viver sem celebrações e sem ritos. É na conservação dos símbolos, mitos, ritos e festas que depende a descoberta da identidade, a integração na comunidade e, consequentemente, o sentido de pertença.

Nesse sentido, como todos os outros grupos humanos, nós cristãos temos festas, símbolos e ritos que possibilitam a vivência da nossa identidade e a expressão da comunidade, das convicções e da fé. Sem símbolos, sem ritos, sem celebrações, não é possível ser plenamente humano (cf. DD 11). É mediante esses elementos rituais que expressamos nossa relação com alguém, que para nós é o Deus e Pai de nosso Senhor Jesus Cristo[14]. "Símbolos e ritos realizam o encontro com Deus, ajudam a perceber a presença do mistério divino em todas as coisas."[15]

Em primeiro lugar, o rito está ligado ao sentido das coisas, dos eventos, dos acontecimentos, das narrações e da vida. É por isso que junto ao rito está o símbolo. Para o mundo católico, ampliando o seu sentido, podemos dizer que rito é sinônimo de sacramento. Um gesto unido à palavra ou uma palavra a um gesto, além do habitual e do cotidiano, manifesta uma presença: o avizinhar-se de Deus em Cristo.[16]

A ação de Deus, fundamento da reflexão litúrgica, e o agir humano, resposta à ação de Deus, necessitam de uma ritualidade e passam pelos símbolos. A Liturgia, na verdade, é a presença da ação divina sob forma ritual. É preciso,

---

[14] Cf. BUYST, Ione. Celebrar é preciso. In: BUYST, I; SILVA, J. *O mistério celebrado: memória e compromisso I*. São Paulo: Paulinas, 2003, p. 13-14.

[15] CNBB. *Iniciação à Vida Cristã: itinerário para formar discípulos missionários*. Documento 107. Brasília: Edições CNBB, 2017, p. 47, n.82.

[16] Cf. PIMENTEL, Márcio. Para saborear a Eucaristia: Liturgia entre símbolo e rito. In: *Revista de Liturgia*, n. 305, ano 51, set./out. 2024, p. 16.

então, educar para o rito e esclarecer o sentido do símbolo na ação litúrgica. Os passos para uma recuperação ritual autêntica têm sido dados, no entanto, isso implica uma formação litúrgica séria e vital à luz da exigência de iniciação ritual. Conceituar e compreender o que são ritos e símbolos, como funcionam e como o ser humano se relaciona com eles é o primeiro passo para o entendimento da dinâmica e da lógica simbólico-ritual da liturgia cristã, e consequentemente do seu papel na Iniciação Cristã[17].

O rito é o momento sintético no qual a Revelação de Deus e a fé humana se encontram. É nele que a presença sacramental acontece. Por isso o rito é muito mais rico e profundo que qualquer teoria. Ele é incrivelmente performativo, se o deixamos agir, pois nos transforma, educa, amadurece e plasma. O rito é caracterizado como ação; a vivência, a eficácia, a transmissão e a atualidade do sentido mistérico-sacramental dependem diretamente do modo como os ritos são realizados. Com efeito, o rito litúrgico é sinal eficaz da própria beleza infinita do mistério santo de Deus (SaC 97).

Destacamos que o resgate da questão ritual foi incentivado pelo Concílio Vaticano II, em particular, pela Constituição Conciliar *Sacrosanctum Concilium,* que convida os fiéis a vivenciar o Mistério da fé nos ritos e nas preces (SC 48). A ação ritual é uma prática simbólica que comunica a aliança entre pessoas, manifesta a totalidade das ações, cria comunidades e estabiliza a vida. São ações genuinamente humanas que fazem a vida festiva, ordenada e encantada. Ao excluí-las da necessidade hu-

---

[17] Cf. PARO, Thiago. *Catequese e liturgia na Iniciação cristã. O que é e como fazer.* Petrópolis: Vozes, 2018, p. 44.

mana, o vazio toma conta do interior, o caos assume o seu espaço, tudo se torna apenas sobrevivência e repetição, e vivenciamos uma sociedade em que os cansaços e os dramas existenciais são os sentimentos mais comuns[18].

Etimologicamente, a palavra rito vem do latim *ritus*, que indica ordem estabelecida. Nesse sentido, rito é a ordem estabelecida ou prescrita por um grupo, trazendo harmonia e ritmo, fazendo com que a ação flua ordenadamente. O termo faz referência a uma ação realizada em um determinado tempo e espaço, diferente das ações da vida e do comportamento cotidiano, realizadas no seio de uma religião ou de uma cultura e reconhecidos como tais. Foi o caso da última ceia celebrada por Jesus, uma ação diferente, que marcou a vida dos discípulos, repetida de maneira ordenada, ou seja, ritual, feita com arte e ritmo, que nos remete ao evento originário e fundante: a Páscoa Cristã, o mistério da nossa salvação.

> O rito litúrgico, se não é constantemente mantido unido ao evento histórico do qual nasceu e do qual é memorial, torna-se mudo, inexpressivo, ou seja, torna-se imagem que não coloca mais em contato com o Senhor que salva na história, com o Senhor vivente[19].

Pensemos numa orquestra com vários instrumentos. Cada instrumentista tem uma partitura. Essa partitura não é a música. Esta se tornará música a partir do mo-

[18]Cf. MARQUES, Luis. *A mistagogia da missa. Nos ritos e nas preces.* Petrópolis: Vozes, 2023, p. 13.

[19]BOSELLI, Goffredo. *O sentido espiritual da liturgia.* Brasília: Ed. CNBB, 2014, p. 29.

mento em que cada instrumento for tocado, respeitando cada nota e o seu tempo. Do mesmo modo os ritos litúrgicos, descritos nos livros, só se tornarão liturgia à medida que forem executados, de maneira consciente, respeitando sua sequência e seu ritmo. Para isso, como numa orquestra é preciso muito ensaio, é preciso distribuir com antecedência cada serviço e ministério, para que o rito flua de maneira ordenada e alcance a mente e o coração de cada fiel que ali celebra. O rito em sua dinâmica é, portanto, a linguagem própria da liturgia indispensável para expressar e experimentar a fé. Assim pode-se dizer que não existe rito sem Tradição e não existe liturgia sem ritualidade!

> A Liturgia, pela qual, especialmente no sacrifício eucarístico, se opera o fruto da nossa Redenção, contribui em sumo grau para que os fiéis exprimam na vida e manifestem aos outros o mistério de Cristo e a autêntica natureza da verdadeira Igreja, que é simultaneamente humana e divina, visível e dotada de elementos invisíveis, empenhada na ação e dada à contemplação, presente no mundo e, todavia, peregrina, mas de forma que o que nela é humano se deve ordenar e subordinar ao divino, o visível ao invisível, a ação à contemplação, e o presente à cidade futura que buscamos (SC 2).

Dessa maneira, a liturgia exprime visivelmente a própria missão da Igreja de colocar o homem em contato com Deus. Por isso a celebração litúrgica não é simplesmente objeto de estudo por parte de especialistas, não serve exclusivamente para os padres e para os membros das pastorais litúrgicas, mas toca a cada cristão que através da celebração é chamado não somente a alimentar a própria vida em Cristo, mas a manifestar ao mundo a presença do Ressuscitado. Consequentemente, a celebração litúrgica não é a expressão de um aparato cerimonial e exterior, mas o lugar em que o cristão nasce, cresce, se forma e se alimenta e vai consumando a sua existência terrena de páscoa em páscoa.

As ações rituais-simbólicas revelam que na liturgia Deus e o homem, Cristo e a Igreja agem de forma contemporânea. O sacramento é totalmente ação de Deus e totalmente ação do homem, com isso, não se pode cair numa perspectiva "puramente teológica" ou "puramente antropológica", equilibrando o pensamento tradicional com o pensamento inovativo e trazendo uma reflexão de nível especulativa-vital. Há um único ato em que, de diversos modos, todos participam radicalmente, com efeito, celebrando. O tríplice conceito de matéria, forma e ministro se transforma de modo profundo, saindo do paradigma escolástico medieval ao paradigma litúrgico conciliar, como via mestra para a compreensão dos sacramentos no contexto atual. A fé não é primariamente um conhecimento ou um dever, ou melhor, não é primordialmente um conhecimento conceitual ou um dever moral, mas uma relação pessoal e comunitária. O evento da Encarnação, da cruz e da Páscoa de Cristo é de fundamental importância para ajudar o crente a mudar a imagem de Deus, adquirida graças a uma fé baseada em princípios puramente morais ou jurídicos, bem como a penetrar na lógica de um Deus que é negligenciado quando se está "seguro". De fato, a liturgia não tem como primeiro propósito apresentar uma imagem de Deus, nem mesmo uma teologia sobre Deus, mas tem o objetivo de nos fazer experimentar uma imagem de Deus no sentido bíblico, ou seja, para nos levar ao encontro com Deus. A fé não é crer em Jesus, mas encontrar Jesus, ser enxertado Nele. A fé é um processo iniciático, cujos modelos são os ritos de Iniciação Cristã[20].

Diante disso, a linguagem litúrgica, o diálogo sacramental entre Deus e o homem, além de ritual, é fundamentalmente simbólica. O esquecimento e o equívoco desse fundamento são um dos graves problemas que sempre tocou a humana experiência litúrgica. O símbolo não é e não pode ser uma alegoria. O alegorismo foi uma modalidade interpretativa que, mesmo sendo condenado pela Igreja, teve uma larga difusão, trazendo resquícios até hoje. O símbolo se distingue da simples metáfora, da alegoria e de qualquer instrumento de comunicação, porque não está interessado em dar uma simples e precisa informação, como por exemplo, um sinal de trânsito; nem se limita a recordar uma história ou um evento acontecido[21].

O símbolo vai muito além: não pode ser comunicado como uma simples informação, mas somente ao coração. A linguagem litúrgica não é um "mimo", um teatrinho infantil, não se reduz a uma sacra reapresentação, a algo que simboliza, a uma simples memória visual, mas é lin-

---

[20] Cf. MARQUES, Luis. Sacrosanctum Concilium e a forma ritual dos sacramentos, in: ASSOCIAÇÃO DOS LITURGISTAS DO BRASIL. *Atualização Litúrgica 6*. São Paulo: Paulus, 2024, p. 251-252.

[21] Cf. SIRBONI, Silvani. *Il linguagio simbolico della liturgia*. Milano: San Paolo: 1999, p. 13-16.

guagem simbólica, feita de sinais que não param no olhar, mas tocam o coração, manifestam uma realidade e permitem um diálogo interior com o infinito mistério de Deus.

O termo símbolo é profundamente ambíguo em nosso mundo. Na linguagem corrente, o que é simbólico é o que não tem realidade. Por exemplo, vende-se por um valor simbólico uma fábrica que se sabe já não ter nenhum valor de produção. O símbolo, nesse caso, é uma falsa produção. Felizmente, o termo símbolo tem sido reavaliado pela reflexão filosófica e teológica contemporânea e em algumas ciências que foram capazes de mostrar a natureza original, mas muito real, da atividade simbólica que tem sua eficácia própria. Há uma diferença um tanto sutil entre sinal e símbolo. O sinal é um valor de conhecimento; o símbolo é uma mediação de reconhecimento[22]. A força do símbolo não consiste em uma referência abstrata, mas no conter e expressar, concretamente, aquilo que significa (cf. DD 26).

O símbolo não nos remete a uma outra coisa fora dele. Pelo contrário, tem a função de introduzir-nos na ordem da qual faz parte. Evidentemente, o símbolo não é um sinal; essa primeira conceituação não é arbitrária como em um sinal. Ao mesmo tempo, o símbolo não pertence à ordem do significado, de modo que não comunica apenas algo fora dele, mas nele algo se comunica. "Todo o símbolo é, ao mesmo tempo, poderoso e frágil: se não é respeitado, se não é tratado pelo que é, quebra-se, perde a sua força, torna-se insignificante" (DD 44).

O símbolo não simboliza alguma coisa, ou seja, não remete simplesmente a algo além de si (significante) como

[22] Cf. SESBOUE, Bernard. *Convite a crer*. São Paulo: Loyola, 2024, p. 30-32.

um conceito abstrato (significado); tampouco trata-se de uma alegoria, mas da imagem de um conteúdo mais amplo e profundo. Diferentemente do sinal que remete a outra coisa, o símbolo introduz uma ordem da qual ele próprio faz parte. A questão simbólica, sendo assim, "não é uma questão de conhecimento mental, de aquisição de conceitos, mas uma experiência vital" (DD 45).

Portanto, o símbolo na liturgia e no espaço da catequese não é um "mimo" decorativo e devocional, um acessório estético ou um "bibelô" de pouco valor que se põe sobre a mesinha da "professora" da catequese, mas significa a Presença atuante do Mistério revelado nas sagradas Escrituras. O símbolo exige a veracidade do significado. A água não pode ser um pano azul que escorre de dentro de um vaso; a vela acesa deve queimar; a flor deve ser a natural, o pão e o vinho ofertados devem ser o alimento que será consagrado e comungado. É isso que dá qualidade mistagógica às nossas celebrações. A linguagem simbólica-ritual toca os desejos e os afetos mais profundos, capazes de efetuar uma transformação interior.

O símbolo, por sua própria natureza, corresponde à realidade significada. Neste sentido, os símbolos não são arbitrários, não podem ser criados ou inventados do nada. É preciso respeitar a cultura e os costumes locais, pois os símbolos estabelecem certa identidade afetiva entre a pessoa e uma realidade profunda que não se chega a alcançar de outra maneira. Nas celebrações litúrgicas, encontra-se uma grande quantidade de símbolos que põem os fiéis em comunicação com o Mistério da Paixão, Morte e Ressurreição de Cristo. A hóstia consagrada, por exemplo, é uma realidade (e um símbolo) interna a um contexto mais amplo, que é o rito (a celebração eucarística). O rito é o espaço potencial em que se elabora o jogo simbólico entre diferença e semelhança, o subjetivo e o objetivo, o interior e o exterior[23].

Unidos aos símbolos, existem ainda uma gama de ações simbólicas presentes no cotidiano da liturgia, das quais podemos citar: Assembleia (Igreja reunida, presença real do corpo de Cristo); presidente da celebração (presença de Cristo cabeça de seu Corpo, a Igreja); o ato de se colocar em pé (ação, oração comum); estar sentado (escutar, esperar, meditar); ficar de joelhos (adoração, recolhimento, penitência); o sinal da cruz (invocar a Santíssima Trindade, recordar o Mistério Pascal); bater no peito (conversão, penitência); partir o pão (autodoação); ungir (fortaleza-cura); crismar (unção do Espírito Santo); e tantas outras ações, objetos, elementos naturais e lugares que expressam e comunicam a fé.

O símbolo mais profundo e último da liturgia cristã é o próprio Cristo, que se tornou ser humano, Verbo encarnado. Nele, a Palavra, a realidade impalpável de Deus como fundamento primeiro do mundo, encarnou-se, de modo que pudéssemos sensivelmente contemplar a sua glória. Essa corporeidade de Deus continua presente na Igreja, na comunidade reunida pelo Espírito e sustentada pelo amor de Cristo. A liturgia por excelência, nos seus ritos e símbolos, torna-se reveladora da presença de Deus em nosso meio[24].

---

[23] Cf. BONACCORSO, Giorgio. *Rito*. São Paulo: Loyola, 2024, p. 30.

[24] PARO, Thiago. *Catequese e liturgia na Iniciação cristã. O que é e como fazer*. Petrópolis: Vozes, 2018, p. 54-55.

3. A Igreja em oração

O fruto mais visível do Concílio Vaticano II deve ser uma comunidade renovada, que canta o louvor ao seu Senhor, que tem consciência da participação nos mistérios de Deus que passam pela realidade profundamente humana dos sinais da liturgia. A liturgia é vida para todo o povo da Igreja: uma ação do povo, mas também para o povo. O resgate comunitário da celebração litúrgica foi a grande intuição do Movimento Litúrgico: era preciso passar de uma assistência individual e devocional para uma celebração comunitária e eclesial. "As ações litúrgicas não são ações privadas, mas celebrações da Igreja, que é sacramento da unidade, isto é, o povo santo" (SC 26).

Na ação litúrgica, o Crucificado ressurgido não age solitariamente, mas como Cabeça em íntima associação com sua Igreja. Como afirma a *Sacrosanctum Concilium*, "em tão grande obra, que permite que Deus seja perfeitamente glorificado e que os homens se santifiquem, Cristo associa sempre a si a Igreja, sua esposa muito amada, a qual invoca o seu Senhor e por meio dele rende culto ao Eterno Pai" (SC 7). Além de ser obra de Cristo, a liturgia é uma ação da sua Igreja. Ela realiza e manifesta a Igreja como sinal visível da comunhão entre Deus e os homens por meio de Cristo (cf. CIgC 1071). Portanto, a liturgia é a imagem da Igreja em oração porque a "comunhão é sinal da verdadeira oração da Igreja" (cf. CIgC 2689). Se não houvesse a Igreja-Povo de Deus, com sua fé e seus ministérios, não haveria celebrações.

A assembleia que celebra é a comunidade dos batizados, os quais, pela regeneração e unção do Espírito Santo, são consagrados para serem casa espiritual e sacerdócio santo e para poderem oferecer um sacrifício espiritual (CIgC 1141). No batismo, primeiro encontro salvífico eficaz do homem com Deus, aparece com clareza a dimensão pessoal e comunitária da salvação. E isto é tanto mais interessante quanto é certo que pelo batismo o homem adquire a condição de fiel ao tornar-se filho de Deus e membro do Povo de Deus. Deus chama cada um pelo nome e constitui numa Igreja; o homem aceita livremente o chamamento, ao aceitar incondicionalmente a fé comunitária existente e atuada historicamente na Igreja. Portanto, a participação dos fiéis nos sacramentos equivale a participar na edificação de toda a Igreja. De fato, "aprouve a Deus salvar e santificar os homens, não individualmente, excluída qualquer ligação entre eles, mas constituindo-os em povo que O conhecesse na verdade e O servisse santamente" (LG 9). Não teríamos tido outra possibilidade de um verdadeiro encontro com Ele a não ser a daquela comunidade que celebra (cf. DD 8).

O encontro do povo batizado em uma assembleia é a primeira ação da celebração litúrgica. O objetivo deste reunir-se não é colocar uma dimensão religiosa numa comunidade natural para torná-la melhor, mais responsável ou cristã, mas é construir/fazer Igreja: "geração escolhida, sacerdócio santo, nação santa" (1Pd 2,9). Os cristãos formam um povo e fazem parte de uma convocação por parte de Deus. Eles não se compreendem sem uma resposta pronta e convicta da comunidade reunida. Nesse sentido, os cristãos se compreendem, realizam-se e crescem como povo santo de Deus nas celebrações comunitárias. Por exemplo, a participação ativa não é simplesmente uma "participação" em um ato "compreensível", mas é a consciência de que "ritos e orações" são atos comunitários, que precisam de uma comunidade que se reúne, troca saudações, escuta a palavra, professa a fé, reza pelos ausentes, apresenta dons, louva, dá graças, abençoa, pede perdão, dá-se a paz, compartilha o único pão e o único cálice, e se despede com fogo no coração[25].

A assembleia é um encontro de cristãos na fraternidade, portanto, sem exclusão e sem distinções: toda pessoa batizada e em comunhão com a Igreja pode participar da celebração comum. Na assembleia litúrgica se estabelece o vínculo íntimo entre os participantes[26]. A centralidade do altar nas nossas igrejas lembra-nos que a comunidade cristã é uma comunidade de mesa, porque Jesus assim quis e, consequentemente, a Eucaristia refere-se à relacionalidade, ao cuidado dos gestos entre as pessoas que dela participam. A ação ritual, com as suas objetividades, põe a comunidade a salvo dos subjetivismos, das sensibilidades individuais e dos culturalismos (cf. DD 49).

Uma nova linguagem da assembleia litúrgica nos permite redescobrir a centralidade da própria ação litúrgica na Igreja: "meta para a qual se encaminha a ação da Igreja e a fonte de onde promana toda a sua força" (SC 10). A participação ativa é a promotora da reciprocidade entre a interioridade pessoal e a interioridade ou pertença eclesial-comunitária. Intoxicados com o subjetivismo contemporâneo, a celebração

---

[25] Cf. MARQUES, Luis. *A mistagogia da missa. Nos ritos e nas preces.* Petrópolis: Vozes, 2023, p. 33.

[26] Cf. ELBERTI, Arturo. A liturgia no Mistério da Igreja. *Cadernos do Concílio 6. Brasília:* Ed. CNBB, 2023, p. 39.

litúrgica nos liberta da prisão de uma autorreferência alimentada pelo próprio raciocínio e pelo próprio sentimento. "A liturgia não diz eu, mas nós, não nos deixa sozinhos na busca de um suposto conhecimento individual do mistério de Deus" (DD 19). Nesse sentido, "a liturgia é da Igreja porque pertence a todo o corpo eclesial e é para a Igreja porque os sacramentos – toda a vida litúrgica – manifesta e comunica aos homens o mistério da comunhão do Deus amor"[27].

A assembleia litúrgica, em seu estilo e sua maneira de ser e de fazer, é um sinal do que a Igreja é e faz. Então, a assembleia não é um elemento secundário da celebração. Tantas vezes somos "enganados" quanto a nossas atividades pastorais, encontros e movimentos, reuniões e organizações mostrarem uma comunidade viva. Entretanto, encontros, pastorais, movimentos e reuniões que não têm por centro a participação na liturgia, fonte e cume da vida da Igreja, serão reduzidos a um grupo que se reúne todas as semanas; a uma sociedade; a uma organização não governamental que tende a se cansar e acabar em poucos anos. O que dá vida a um encontro, a uma pastoral ou a um movimento é o envolvimento consciente e participativo na celebração litúrgica. Cada encontro deve levar-nos a essa consciência e somente assim poderemos sair edificados para edificar. A liturgia é o coração pulsante de todas as atividades da Igreja. É a beleza da liturgia, que evangeliza (cf. EG 24). Dessa maneira, precisamos ser iniciados pelo Espírito Santo na dinâmica de ser cativado pela liturgia, para que deixemos de ser me-

---

[27] MARTÍN, Julian. *A liturgia da Igreja: teologia, história, espiritualidade e pastoral.* Petrópolis: Vozes, 2022, p. 177.

ros espectadores de uma liturgia cansativa e entediante. Valorizar ao máximo a presença da assembleia é ainda o nosso maior desafio[28].

> A pastoral de conjunto, orgânica, integrada, mais do que ser o resultado de programas elaborados é a consequência do colocar no centro da vida da comunidade a celebração eucarística dominical, fundamento da comunhão. A compreensão teológica da Liturgia não permite de modo algum entender estas palavras como se tudo se reduzisse ao aspeto cultual. Uma celebração que não evangeliza não é autêntica, tal como não o é um anúncio que não leve ao encontro com o Ressuscitado na celebração: ambos, por fim, sem o testemunho da caridade são como o bronze que soa e como o címbalo que retine (DD 37).

O vínculo existente entre a *lex orandi* e a *lex credendi* encontra no missal a sua fonte e o testemunho eclesial. A *lex orandi*, compreendida a partir do seu conteúdo escriturístico e evangélico, indica a via da *lex credendi*, da justa maneira do crer. O amém litúrgico é, por assim dizer, a profissão de fé mais perfeita e verdadeira. É a atestação do crer e do desejar praticar aquilo que se reza, ou melhor, do viver o que se celebra. Quem vivencia a oração litúrgica, graças ao encontro real com Cristo torna-se também cada vez mais, pouco a pouco, belo e melhor. A bondade e a beleza de Jesus Cristo, o bom Pastor (Jo 10,11.14), passam a refletir-se nos rostos e nas vidas transfiguradas

[28] Cf. MARQUES, Luis. *A mistagogia da missa. Nos ritos e nas preces.* Petrópolis: Vozes, 2023, p. 38.

dos participantes da Eucaristia. De fato, a participação contínua à mesa da Eucaristia e, antes e junto com ela, à mesa da Escritura, tem como efeito a transformação da vida do fiel. O ato de receber a Eucaristia e a Escritura nos dispõe a ser eucaristia e escritura para os irmãos, a nos consumir na entrega da vida, do corpo e do espírito, da agenda e dos interesses, em favor da fraternidade.

PARTE II

A Liturgia, lugar da Iniciação à Vida Cristã

1. A Iniciação à Vida Cristã

Antes da subida gloriosa de Jesus para junto do Pai, Ele nos deixou uma missão: *"Vão e façam com que todos os povos se tornem meus discípulos, batizando-os em nome do Pai, e do Filho, e do Espírito Santo, e ensinando-os a observar tudo o que ordenei a vocês"* (Mt 28,19). Os discípulos, cheios do Espírito Santo, imediatamente se colocaram a proclamar que Jesus estava vivo e ressuscitado, e era o salvador do mundo. O anúncio fervoroso dos discípulos e o testemunho da nova comunidade fizeram com que rapidamente muitas pessoas aderissem ao seguimento de Jesus e da sua comunidade, nascente do alto da cruz.

O conteúdo do anúncio era livre, e o batismo feito apenas com o mergulho na água em nome da Trindade. Recordemos, por exemplo, o batismo do eunuco etíope, alto funcionário de Candace, rainha de Etiópia e administrador geral do seu tesouro. Retornando de uma peregrinação a Jerusalém, lia em seu carro o livro do profeta Isaías. O apóstolo Felipe, conduzido pelo Espírito Santo, aproxima-se do carro e inicia um diálogo com o eunuco: "'Tu compreendes o que está lendo?' O eunuco respondeu: 'Como poderia, se ninguém me orienta?' Então convidou Felipe a subir e a sentar-se junto dele. [...] E o eunuco disse a Felipe: 'Peço que me explique de quem o profeta está dizendo isso". E Felipe, partindo do texto que o eunuco lia, anuncia-lhe Jesus Cristo. O anúncio feito por Felipe foi tão profundo que, em pouco tempo, o eunuco avista água e pede para ser batizado (cf. At 8,31-39).

E assim foram se constituindo as primeiras comunidades, por judeus e pagãos convertidos. Porém, a convivência entre grupos tão diferentes gerou conflitos e divergências. Lembremos, no livro dos Atos dos Apóstolos, da narração em torno a circuncisão dos não judeus, em que um grupo de homens ensinava que, se não fossem circuncidados como ordenava a Lei de Moises, não poderiam ser salvos (cf. At 15,1). O ensinamento gerou confusão e grande discussão. Então os apóstolos e anciãos se reuniram para tratar desse assunto e, num diálogo comum, definiram que não era necessário a circuncisão aos não judeus (cf. At 15,22-29).

Essas discussões foram formando o conteúdo doutrinal da fé e os códigos de conduta cristã. Os discípulos e a novas comunidades começaram a organizar o conteúdo básico e o itinerário para aqueles que queriam abraçar a fé em Jesus Cristo. Não bastava fazer o anúncio querigmático e batizar, era preciso de alguma forma purificar os candidatos das práticas judaicas ou pagãs. Desse modo, de acordo com a necessidade, a Igreja primitiva foi se organizando e elencando os principais temas para as novas comunidades. Nasceu assim, por exemplo, o texto da *Didaqué*[29].

---

[29] DIDAQUÉ. Catecismo dos primeiros cristãos. 10. ed. Petrópolis: Vozes, 1970.

A Didaqué, primeiro catecismo da Igreja, é o escrito mais importante do período pós-apostólico. Esse foi um documento redigido provavelmente entre os anos 60 e 90 d.C., na Palestina ou na Síria. Nesse documento encontramos: um tratado moral, tendo como base o mandamento do amor a Deus e ao próximo; instruções sobre o batismo, o jejum, a oração e a celebração eucarística; indicações sobre a hospitalidade com os apóstolos, os profetas e todos os peregrinos; a teologia da parusia do Senhor. Efetivamente, o texto descreveu sobre como se dava a Iniciação à Vida Cristã, nos primeiros séculos da Igreja.

O itinerário era destinado aos adultos e era composto por quatro tempos, *pré-catecumenato, catecumenato, iluminação ou purificação e mistagogia*, e três etapas, *admissão, eleição e celebração dos sacramentos*. Cada tempo e cada etapa tinham uma unidade e eram entendidos como degraus, em que os candidatos subiam de acordo com a maturidade, entrega à vida espiritual e participação na vida comunitária. O fim não era a recepção dos sacramentos, mas a vivência comunitária e o amadurecimento no discipulado. O catecúmeno era admitido na vida cristã e comunitária quando dava provas da sua fé e do compromisso assumido no seio da comunidade eclesial.

A *Tradição Apostólica*, depois da *Didaqué*, é o mais relevante testemunho da vida e da Liturgia cristã primitivas. A eleição pela Tradição de Hipólito se deu porque esta contém elementos rituais e disciplinares que possuem valor perene, ou seja, servem de inspiração para qualquer tempo histórico. A riqueza da Tradição de Hipólito está na descrição pormenorizada dos ritos batismais, eles são apresentados como um processo unitário de Iniciação Cristã.

Para Hipólito, era preciso, na prática pastoral, superar a visão fragmentada e desarticulada dos sacramentos da iniciação cristã de adultos e construir verdadeiros processos de iniciação cristã, em que o ponto mais alto de todo esse processo iniciático seria a celebração conjunta dos sacramentos na Vigília Pascal, expressando assim a unidade sacramental que confere identidade ao discípulo de Cristo[30].

A lógica utilizada no catecumenato da Igreja primitiva pode ser comparada com a prática de acolher um desconhecido em casa e o processo de amizade que se cria a partir do tempo de convivência. Imagine, por exemplo, que o interfone de casa toque e, ao atender, identifica-se uma pessoa que não se conhece. Antes de autorizar a entrada dessa pessoa, é comum se dirigir ao portão e verificar quem é e o que busca. É um membro da comunidade vizinha e se chama Iolanda. Uma vez identificada, faz-se o convite para entrar, e a Iolanda é acolhida com certa formalidade na sala de estar. Depois deste primeiro contato e diálogo, a Iolanda vai embora e começam-se a se encontrar em outras ocasiões e com mais liberdade. Ao longo do tempo, vai-se criando uma amizade e um vínculo afetivo, a ponto de se tornarem amigos e cheios de afinidades. Depois de um ano, já com esse vínculo de amizade e intimidade estabelecido, ao receber novamente a Iolanda em casa, ela já não será recebida com as formalidades básicas e os limites sociais, mas na cozinha e com mais liberdade.

A cena que convidamos a imaginar ilustra um processo iniciático, que visa acolher desconhecidos, criar vínculos

---

[30] Cf. QUEZINI, Renato. *A pedagogia da iniciação cristã*. São Paulo: Paulinas, 2013, p. 74.

afetivos e graduais, a ponto do iniciado sentir-se membro da comunidade eclesial e familiar, sentindo-se responsável e comprometido na relação e no ambiente. A iniciação é tempo convivência, de conhecimento da fé e reconhecimento das pessoas, dos dados doutrinais, dos símbolos e dos ritos. Por isso o itinerário catecumenal das primeiras comunidades relacionava bem a catequese e a liturgia. A catequese e a liturgia se encontravam estreitamente vinculadas, permitindo que o mistério profundo do amor de Deus, revelado plenamente no Mistério Pascal de Cristo, chegasse aos catecúmenos: atraindo-os, envolvendo-os e comprometendo-os com a vivência comunitária.

A partir do ano 380, quando a religião cristã foi reconhecida como religião oficial do Império Romano (início da Cristandade), deu-se o princípio da decadência do catecumenato primitivo. Com isso, as transformações radicais que ocorreram na configuração do 'novo cristianismo', a partir do século IV, causaram uma desestruturação da catequese, sem que, até o presente momento, se tenha encontrado uma resposta satisfatória aos vários desafios que continuam desde então.

No século VI, a Catequese conservou alguns ritos mais ou menos condensados e o Batismo de crianças substituiu o catecumenato. O cristianismo passou a exercer uma influência cada vez maior na sociedade, iniciava-se o longo período do 'catecumenato social' no contexto da Cristandade. Desse modo, na Idade Média, a Cristandade assume a Catequese infantil, onde a dimensão doutrinal foi fortemente acentuada. A iniciação religiosa das crianças e a orientação dos mais jovens são deixadas à prática tradicional. Pais e padrinhos é que deviam ensinar seus filhos/afilhados a profissão de fé e o Pai-nosso. Por conseguinte, a missão de catequizar foi confiada, sobretudo, às famílias, embora houvesse ocorrido Sínodos que buscaram organizar a Catequese paroquial.

Assim, a catequese e a liturgia foram se afastando como duas realidades que caminhavam independentes: a catequese se restringiu somente à doutrina, distante das celebrações mistagógicas das primeiras comunidades; a liturgia, no contato com o Império Romano e na Cristandade, tornou-se mais rígida e distante do povo. De tal sorte que se perdeu muito do espírito comunitário, a centralidade de Cristo, o vigor do testemunho, seu caráter de iniciação à vida de fé, verdadeiro ponto de chegada e ponto de partida de toda a vida cristã[31].

Nos séculos posteriores, a catequese apresenta-se empobrecida de conteúdos, isto ocorre também por conta da pobreza intelectual e teológica do clero e do povo em geral. A imagem de Deus tornou-se mais distante da vida ordinária das pessoas, pelo que justifica o recurso utilizado de buscar a devoção aos santos e à Virgem Maria (crescem cada vez mais os devocionismos e a fé individualista). Um recurso geral e disseminado para catequizar era a pregação, contudo, dado o nível geral de despreparo do clero, esta também era bastante deficiente. Dessa forma, pouco a pouco, a catequese foi desligando-se do espaço litúrgico e eclesial e desloucou-se para o ambiente devocional familiar e social do século XIII ao XVII. Culturalmente disseminado, o cristianismo "foi campo fértil para

[31] Cf. PAIVA, Vanildo. *Catequese e liturgia. Duas faces do mesmo mistério.* São Paulo: Paulus, 2020, p. 41.

devocionismos variados que, na verdade, não formavam discípulos de Jesus Cristo".

Entretanto, a prática e lógica iniciática não é uma descoberta dos primeiros cristãos. A prática pode ser encontrada em várias culturas e religiões, pois designa o movimento de introdução a um novo grupo e aprendizado de novos gestos e doutrinas. Nesse sentido, "iniciar é um processo muito mais profundo e existencial do que ensinar" (Doc. 107, n. 122). De origem pagã, o termo iniciação vem do latim *in-ire,* que significa etimologicamente "ir bem para dentro". Mircea Eliade, um dos maiores estudiosos da religião do século XX, afirmou que iniciação é

> um conjunto de ritos e ensinamentos orais, visando realizar uma transformação do estatuto religioso e social do iniciado. Do ponto de vista filosófico, a iniciação equivale a uma mutação ontológica existencial. Ao final do período de provas, o neófito goza de uma existência totalmente diferente da que possuía antes: transforma-se noutra pessoa[32].

Para Eliade, o processo iniciático pressupõe dois movimentos: um oral, com a transmissão da doutrina, e um simbólico-ritual, com a transmissão do sentido gestual e teológico das ações comunitárias. A iniciação, portanto, é o processo pelo qual uma pessoa é introduzida numa nova dinâmica de seguimento, tendo de assumir um novo modo de viver e de se relacionar. A Iniciação à Vida

[32] ELIADE, Mircea. *Origens: histórias e sentido na religião*. Lisboa: Ed. 70 LTDA, 1989, p. 187.

Cristã, por exemplo, tem o mesmo sentido. O iniciado é aquele que assumiu para si uma nova prática e, a partir da experiência cristã, aderiu a uma nova forma de vivenciar a fé, de celebrar os ritos e de praticar os costumes.

2. A dimensão litúrgica da Iniciação à Vida Cristã

Ouvimos diversas vezes dos nossos catequizandos e de alguns fiéis que a "a missa é muito chata, repetitiva e monótona". E, na maioria das vezes, eles estão certos. Mas onde está o problema? Sem dúvida, não está nas ações simbólico-rituais, ou na estrutura celebrativa da liturgia, mas na compreensão dos ritos que celebram. Também, estamos habituados a ouvir de outros fiéis que "a missa não se vai para assistir, mas para participar". Isso é verdade. Mas será mesmo que somos mais participantes do que assistentes? Fica claro que tais discursos nascem da falta de iniciação à vida litúrgica-sacramental. Se não formos educados para compreender a linguagem simbólico-ritual, dificilmente as celebrações, como previstas nos livros litúrgicos, serão "interessantes" e tocarão nossa mente e nosso coração. A maioria dos nossos fiéis entram na celebração litúrgica ainda como meros expectadores de um rito celebrado apenas pelo padre e organizado pela "sua equipe".

Imaginemo-nos, por exemplo, assistindo a um filme em grego sem conhecer ou saber traduzir a língua grega. Ao assistirmos a esse filme, sem saber a língua própria dos diálogos, o que acontecerá? Certamente, não compreenderemos o que estão dizendo nem o que está acontecendo, não entenderemos o enredo do filme, e o filme se tornará "chato". Talvez o filme seja muito bom, ganhador de vários prémios do cinema internacional, porém, o problema não está no filme, e sim em nós, que não conseguimos decodificar os seus códigos linguísticos e culturais.

Na liturgia, encontramos a mesma questão. A liturgia como tem sua linguagem própria, para compreendê-la, é necessário sermos iniciados em sua dinâmica. Ou seja, durante todo o processo de iniciação, precisamos receber as chaves e os códigos para a compreensão dos ritos e símbolos que constituem a liturgia. Deste modo, mesmo que estejamos no Japão, sem saber falar ou compreender o japonês, poderemos participar da missa, e compreendê-la. Pois, mesmo sem falar a língua local, sabemos e compreendemos a linguagem ritual. Assim, é fundamental ser iniciado na sagrada liturgia, pela própria ação simbólico-ritual que a constitui, pois o seu verdadeiro sentido se adquire pelas liturgias de que se participa e se celebra costumeiramente, nas comunidades cristã de que se faz parte.

O documento conciliar *Sacrosanctum Concilium* expressa a necessidade de uma participação ativa, consciente e frutuosa em quase 25 parágrafos (SC 11, 12, 14, 18, 19, 21, 27, 30, 31, 33, 41, 48, 50, 53, 54, 55, 59, 79, 100, 113, 118, 121, 124). Quanto ao termo "participação ativa", deve-se notar a fundamental passagem existente entre *Mediator Dei* (1947) e *Sacrosanctum Concilium* (1963). É uma visão nova que compreende a profundidade do rito litúrgico para a vida de fé. A participação dos fiéis na MD não está relacionada ao rito, mas ao estado de espírito (MD 67). Ela é entendida como um contato íntimo da alma (*actus animae*) com o sentido da celebração, inclusive podendo acontecer por meio de manifestações devocionais (terços, ladainhas, meditação da Paixão...). A eclesiologia eucarística expressa na SC reconhece que a principal manifestação da Igreja se realiza na plena e ativa participação de todo o povo de Deus nas celebrações litúrgicas. A reforma do rito eucarístico foi, portanto, motivada pela necessidade de recuperar plenamente e para todos uma participação ativa na dinâmica ritual e orante. Não se trata de uma reforma intelectual, mas sim de uma mudança de perspectiva que teve a intenção de recuperar a verdade do culto eucarístico[33].

A SC acrescenta ainda no n. 33: "Mesmo que a Liturgia seja, principalmente, culto à divina majestade, é também uma rica fonte de instrução para o povo fiel, pois, na Liturgia, Deus fala ao seu povo, e Cristo, ainda hoje, anuncia seu Evangelho. E o povo, por sua vez, responde a Deus com cânticos e orações". Ou seja, "através da sua relação vital com as Sagradas Escrituras a liturgia é a fonte primeira da fé, porque nela guardam-se todos os elementos constitutivos da fé cristã. Se a Igreja crê como reza, cada liturgia é profissão de fé"[34]. Por causa da dimensão ritual e simbólica, a liturgia é um elemento estratégico na iniciação cristã para que a catequese sistemática e o testemunho cotidiano cumpram seu papel com eficácia. Por isso a liturgia está presente na lógica de todo o itinerário da iniciação cristã: englobando seus aspectos críticos, simbólicos,

---

[33] Cf. MARQUES, Luis. *A mistagogia da missa. Nos ritos e nas preces.* Petrópolis: Vozes, 2023, p. 31.

[34] Cf. BOSELLI, Goffredo. *O sentido espiritual da liturgia.* Brasília: CNBB, 2014, p. 183.

rituais, sacramentais, como também na autenticidade da missão, no Ano Litúrgico, na música litúrgica, na inculturação e na pastoral litúrgica.

> É a ritualidade litúrgica que nos dá o acesso à experiência do Mistério e inicia a nossa mente no coração da fé, fazendo-nos ficar com Cristo para sermos enviados em missão. Sem esta fase, não há discipulado coerente nem autêntica missão. É por meio da liturgia especificamente que o ficar em Cristo se torna uma fase permanente e efetiva: quem come a minha carne e bebe o meu sangue, permanece em mim e eu nele (Jo 6,56), na medida em que ela é a celebração do Mistério Pascal, para o qual concorrem os sacramentos, os sacramentais, a piedade popular e a oração individual[35].

A liturgia não educa na fé fazendo discursos sobre as verdades a crer, mas transformando em ação aquilo que crê. Por isso faz-se necessário e urgente redescobrir o lugar e papel da liturgia no processo de Iniciação à Vida Cristã. Na Iniciação à Vida Cristã, podemos destacar algumas maneiras para se concretizar a iniciação à liturgia. A primeira é pela própria celebração litúrgica, uma vez que uma liturgia bem-preparada e celebrada comunica o mistério da nossa fé, tocando a mente e o coração. Mas para isso é necessária uma pastoral litúrgica e todos os envolvidos nos diversos ministérios (leitores, acólitos, mi-

[35] COSTA, Valeriano. *A Liturgia na iniciação cristã*. São Paulo: LTR, 2008, p. 17-18.

nistros extraordinários da sagrada comunhão eucarística, diáconos, presbíteros...) bem formados e conscientes. A celebração litúrgica não pode ser reduzida à mera observância de um aparato de rubricas ou a uma criatividade sem regras. "O rito é, em si mesmo, uma norma, mas a norma nunca é um fim em si mesma, estando sempre a serviço da realidade mais elevada que quer custodiar" (DD 48).

A dimensão litúrgica da Iniciação à Vida Cristã pode ser compreendida, ainda, ao analisarmos o itinerário celebrativo proposto pelo Ritual de Iniciação à Vida Cristã de adultos – RICA, que articula em todo o seu desenvolvimento a interação das três dimensões da iniciação cristã. De modo prático, o RICA se torna um valioso aliado para compreensão e concretização de todo o processo catecumenal, necessário para fazer da iniciação uma realidade em nossas paróquias e comunidades.

3. O itinerário celebrativo proposto pelo RICA

Entre os mais importantes legados do Concílio Vaticano II está a restauração do catecumenato da Igreja primitiva como metodologia para a iniciação cristã de adultos: "o tempo do catecumenato seja destinado a catequeses profundas e santificado pelos ritos sagrados realizados sucessivamente em cada etapa" (SC 64). Os padres conciliares recorreram às fontes da Igreja primitiva para reconhecerem e valorizarem o método primitivo. É importante afirmar que restaurar o catecumenato não é simplesmente retomar conteúdo do passado, mas resgatar a pedagogia da fé como nos primeiros séculos da Igreja, em que não se administravam os sacramentos como ritos mágicos, mas abria-se, paulatinamente, por meio de graus sucessivos, a fonte de formação e de vida que é a celebração dos sacramentos. Como redescoberta, o catecumenato e a nova concepção de Catequese são um regresso à pedagogia das origens, quando a Igreja era essencialmente missionária[36].

Resultado desta determinação foi o *Ritual de Iniciação Cristã de Adultos* (RICA), que, depois da aprovação por Paulo VI, foi publicado em 1972.

> O RICA não é um livro catequético, centrado no conteúdo doutrinal a ser transmitido, mas sim um livro litúrgico com ritos, orações e celebrações. Entretanto, esse livro dá uma visão inspiradora de uma catequese que realmente envolva a pessoa no seguimento de Jesus Cristo, a serviço do Reino, expresso na vivência dos sacramentos do Batismo, da Crisma e da Eucaristia (Doc. 107, n. 119).

Em 1973, saiu do prelo a tradução brasileira, depois da devida aprovação. Porém,

> a edição típica do RICA, e sua respectiva tradução brasileira, era, no entanto, muito complexa. Com a intenção de oferecer a maior liberdade possível na configuração do rito, havia uma va-

---

[36] QUEZINI, Renato. *A pedagogia da iniciação cristã*. São Paulo: Paulinas, 2013, p. 73-74.

> riedade de alternativas, de tal modo que requeria do usuário um estudo acurado do ritual para poder encontrar o que lhe parecia mais adequado para a celebração concreta a ser preparada. Possivelmente, esta foi uma das razões por que o ritual tivesse permanecido letra morta. Em vista disso, a CNBB decidiu fazer uma nova edição que apresentasse o rico material de "forma mais didática e simples para facilitar o uso[37].

A nova versão do RICA foi publicada em 2001, apresentando uma organização mais simplificada, levando para o capítulo VII os textos omitidos e para o apêndice os ritos realizados de modo mais esporádico. Desse modo, o RICA se tornou mais compreensível, apresentando um itinerário celebrativo que une liturgia, catequese e vivência comunitária. O enfoque principal do RICA é que o catecúmeno aprenda a conhecer, viver e celebrar a fé cristã, juntamente com a comunidade, durante um tempo adequado, tempo este que possibilite o amadurecimento de sua fé, para que os sacramentos da iniciação se tornem um ponto culminante de uma verdadeira caminhada e fonte de toda a sua vida cristã.

Nas páginas iniciais, tratando-se das "observações preliminares gerais" e da "introdução ao rito de iniciação cristã de adultos", encontramos uma compreensão integral de todo o itinerário proposto pelo RICA, deixando claro que ele tem como primeiros destinatários catecúmenos adultos, ou seja, pessoas que chegaram à maiori-

[37] TABORDA, Francisco. Apresentação. In. PARO, Thiago. *As celebrações do RICA. Conhecer para bem celebrar*. Petrópolis: Vozes, 2017.

dade sem serem batizadas (capítulos I a IV). Ainda, num segundo momento, as crianças que atingiram a idade da razão (acima de 7 anos de idade), e ainda não receberam o Batismo (capítulo V). Ao apresentar todo o desenvolvimento do processo catecumenal explicita o que cabe a cada dimensão da iniciação (liturgia, catequese e inserção na comunidade) e os diversos ministérios e as funções de todos os envolvidos no processo.

Apesar de ser um livro litúrgico, as primeiras páginas são fundamentais para nos ajudar a compreender que as celebrações propostas só terão seu valor, se celebradas em sintonia com as demais vias, de tal modo que o conteúdo catequético necessariamente deve estar em sintonia com as ações rituais. Deste modo, temos o seguinte percurso dividido em 4 tempos e 3 etapas:

O 1º degrau (tempo) é o **pré-catecumenato**, que tem por objetivo o anúncio de Jesus Cristo e sua adesão. Esse período, com duração indeterminada, é dedicado à explicação do Evangelho, ao conhecimento da comunidade cristã, fazendo brotar o desejo de pedirem o Batismo. Verificada a reta intenção do candidato e a sua disponibilidade em renunciar o que é contrário a fé cristã, é acolhido na comunidade através de um rito de passagem, chamado de admissão. O **Rito de admissão** (1ª etapa) é o momento em que a comunidade acolhe o candidato através de uma celebração da Palavra iniciada à porta da igreja. Essa celebração conclui o pré-catecumenato e inaugura o 2º tempo: **o Catecumenato**, que pode se prolongar por vários anos. Tem como finalidade transmitir os conteúdos centrais da fé, nas dimensões da doutrina, moral e da liturgia e ainda levar o catecúmeno a fazer uma experiência concreta de convivência com a comunidade eclesial. Ao término deste tempo, constatados a sincera conversão dos catecúmenos e o amadurecimento da fé, o catecúmeno é aprovado para receber os sacramentos do Batismo, Confirmação e Eucaristia, na Vigília Pascal. Esta aprovação é chancelada através de um rito, chamado eleição. Com o **Rito de eleição** (2ª etapa), realizado no início da Quaresma, conclui-se o tempo do catecúmeno e inaugura-se o 3º **tempo: purificação ou iluminação**. Os catecúmenos passam a ser chamados de eleitos e são convidados a uma preparação espiritual mais intensa para a recepção dos sacramentos da iniciação. É um grande retiro que culmina com a Vigília Pascal, onde são **batizados, crismados e participam da mesa da Eucaristia pela primeira vez** (3ª etapa). Os recém-batizados precisam compreender melhor os ritos e símbolos que vivenciaram durante a Vigília Pascal, de modo especial, os sacramentos que receberam. É a função do 4º tempo, a **mistagogia**, que revela através das catequeses mistagógicas o sentido teológico de cada rito experienciado. Os quatro tempos e as três etapas podem ser comparados aos degraus de uma escada, onde uma etapa vai pavimentando e sustentando a outra:

4º TEMPO – Mistagogia

3ª ETAPA – *Celebração dos sacramentos da Iniciação*
3º TEMPO – Purificação ou iluminação

2ª ETAPA – *Eleição*
2º TEMPO – Catecumenato

1ª ETAPA – *Rito de admissão*
1º TEMPO – Pré-catecumenato

O Pré-catecumenato (primeira etapa) é o primeiro contato, consiste em um determinado tempo para o acolhimento dos candidatos e seu entrosamento com a comunidade cristã; tempo destinado a uma primeira evangelização, a fé e a conversão iniciais servem para amadurecer a vontade sincera de seguir a Cristo e impelir o candidato a pedir o batismo; o princípio da conversão coincide com o desejo de mudança de vida e o despertar do anseio de uma relação de maior intimidade com Deus. O Catecumenato (segunda etapa) é um tempo suficientemente longo, a fim de possibilitar uma Catequese esmerada; objetivando uma progressiva mudança da mentalidade e dos costumes, possibilitando uma maior integração na comunidade cristã e a participação nas assembleias litúrgicas. Na dinâmica do processo catecumenal, a comunidade acompanha seus catecúmenos com a oração, os ritos e o testemunho; já o tempo de Purificação e iluminação (terceira etapa) é aquele de preparação imediata para os sacramentos da Iniciação Cristã, corresponde ao período da Quaresma. É um tempo de intensa vivência espiritual, marcado por ritos a serem celebrados pela comunidade durante a Santa Missa dominical. Na solene Vigília Pascal, são celebrados os três sacramentos da Iniciação: Batismo, Confirmação e Eucaristia. A Mistagogia (quarta etapa) é a última etapa de formação, ela acontece ao longo do período pascal. É uma fase de aprofundamento do mistério cristão, em comunhão com a comunidade dos fiéis, e de participação na missão da Igreja[38].

---

[38] Cf. QUEZINI, Renato. *A pedagogia da iniciação cristã*. São Paulo: Paulinas, 2013, p. 35.

O processo formativo em etapas, vinculado aos ritos e às celebrações favorece a vivência de uma pastoral interativa entre sacramento e fé, que resguarda a unidade e a centralidade sacramental e recupera a estreita relação entre Mistagogia e Catecumenato. Ao mesmo tempo, assegura a interação entre catequese, liturgia e testemunho cristão. Tem o acerto de respeitar a progressividade do amadurecimento da conversão, com tempos e graus, sua índole pascal e a participação da comunidade eclesial. Basicamente, esses elementos constituem a forma típica da Iniciação Cristã. Em suma, o RICA propõe uma catequese toda idealizada para propiciar ao catequizando o seu progressivo amadurecimento da fé. Tendo este objetivo, a atenção deve centrar-se no Catecismo (aspecto doutrinal), na pessoa (aspecto antropológico) e na vida de fé do catequizando (aspecto vivencial). A catequese não está limitada à transmissão da doutrina cristã, mas quer inspirar a adesão a Cristo (uma adesão por amor, por escolha livre), o amadurecimento de uma mentalidade de fé, o aprofundamento da mensagem cristã (é conhecendo que se ama), a introdução à vida eclesial (ser comunidade, sentimento de irmandade) e o serviço ("de graça recebeste, de graça deveis dar" [Mt, 10,8], isto é, propiciar que o catequizando se torne um discípulo missionário anunciando as maravilhas de Deus). Agindo dessa forma, a catequese não será saber mais do Evangelho, mas viver mais o Evangelho. A finalidade da iniciação deve ser uma só: que o iniciado alcance, através das várias etapas, a plena maturidade em Cristo e forme sua identidade cristã[39].

[39] Cf. ROCHA, Cátia. *Iniciação Mistagógica: a restauração proposta pelo Concílio Vaticano II*. Brasília: ISB, 2024, p. 45.

Após essa importante introdução, que apresenta uma visão orgânica de todo o processo catecumenal, o ritual, no capítulo I, descreve o itinerário ordinário do RICA. Um percurso celebrativo completo com os diversos ritos a serem celebrados ao longo da iniciação. Nos capítulos II e III, o RICA apresenta o "Rito simplificado para a iniciação de Adultos" e o "Rito abreviado de iniciação de adultos em perigo ou artigo de morte". São itinerários abreviados do Capítulo I, que buscam responder às diversas necessidades e realidades que fogem ao ordinário de nossas comunidades. Por exemplo na introdução do capítulo II, assim se expressa:

> Em circunstâncias extraordinárias, quando o candidato não puder percorrer todas as etapas da iniciação, ou quando o Ordinário do lugar, verificando a sinceridade da conversão do candidato e sua maturidade religiosa, determinar que receba sem demora o Batismo, pode permitir o uso deste rito simplificado. Toda celebração será feita de uma só vez [...], mas pode conceder-se, também, um ou dois ritos do catecumenato ou do tempo da purificação e iluminação (RICA 240).

Porém, diferentemente da realidade da Igreja primitiva, encontramos hoje uma outra situação, adultos que foram batizados enquanto crianças e por alguma razão não completaram o processo de iniciação. Por este motivo, o RICA apresenta o capítulo IV: "Preparação para a Confirmação e a Eucaristia de adultos que, batizados na infância, não receberam a devida catequese" (cf. RICA 295-305). Em resumo, o capítulo IV diz que os catequizandos (já batizados) poderão trilhar o mesmo itinerário que os catecúmenos, podendo percorrer juntos em turmas de catequese mistas, formadas por não batizados e já batizados, porém, com uma ressalva: "Embora esses adultos não tenham ainda ouvido o anúncio do mistério de Cristo, sua situação não é igual à dos catecúmenos, porque já foram introduzidos na Igreja e se tornaram filhos de Deus pelo Batismo" (RICA 295). Ou seja, apesar de percorrerem o mesmo itinerário, os catequizandos não poderão ser tratados como catecúmenos, o que exigirá adaptações, de modo especial, no itinerário celebrativo, como afirma o n. 297 do RICA: "O currículo da catequese corresponde de ordinário ao dos catecúmenos [...]; na sua aplicação, porém, o sacerdote, diácono ou catequista considere as condições peculiares dos adultos que já receberam o Batismo".

Para explicitar melhor essa orientação, vamos analisar brevemente alguns elementos do itinerário celebrativo ordinário proposto pelo RICA, no capítulo I, e apontar os ritos que podem ser feitos apenas com catecúmenos, os que podem ser feitos por ambos e os que devem ser acrescentados e dados apenas aos catequizandos. Desse modo, queremos ajudá-los a compreender a importância da liturgia no processo de iniciação, que respeita a realidade de cada catecúmeno e catequizando.

O **capítulo I** apresenta o seguinte itinerário celebrativo:

I. CATECUMENATO

Primeira Etapa

A. Celebração da entrada no catecumenato

(Rito de acolhida fora da Igreja, na porta ou no átrio e Liturgia da Palavra com entrega do livro da Palavra de Deus)

B. Tempo do Catecumenato e seus ritos

1. Celebração da Palavra de Deus
2. Primeiros exorcismos
3. Bênção dos catecúmenos
4. Unção dos catecúmenos
5. Entrega do Símbolo
6. Entrega da Oração do Senhor

II. TEMPO DE PURIFICAÇÃO E ILUMINAÇÃO

Segunda Etapa

A. Celebração da Eleição ou inscrição do nome

(1º Domingo da Quaresma)

B. O tempo da purificação e iluminação e seus ritos

Primeiro escrutínio *(3º Domingo da Quaresma)*

Segundo escrutínio *(4º Domingo da Quaresma)*

Terceiro escrutínio *(5º Domingo da Quaresma)*

Ritos de preparação Imediata

(Sábado Santo, pela manhã ou no começo da tarde)

III. OS SACRAMENTOS DA INICIAÇÃO CRISTÃ

Terceira Etapa

A. Celebração dos Sacramentos da Iniciação

(Vigília da Páscoa)

1. Celebração do Batismo

2. Celebração da Confirmação
3. Celebração da Eucaristia

Celebração da entrada no catecumenato

É a primeira celebração, proposta pelo Ritual da Iniciação Cristã de Adultos – RICA, e é dividida em dois momentos: o primeiro, com a recepção dos candidatos na porta da Igreja, e o segundo, no interior da Igreja, onde se realiza o rito de entrega da Palavra de Deus.

O primeiro momento do rito apresenta a seguinte estrutura:

Reunião fora da Igreja
Canto
Saudação e exortação
Diálogo sobre a intenção do candidato
Primeira adesão e pedido de ajuda
Oração de agradecimento pelo chamamento
Assinalação na fronte e nos sentidos

A celebração da instituição dos catecúmenos propõe propositadamente a acolhida dos candidatos com seus introdutores do lado de fora da igreja ou no seu átrio ou entrada (cf. RICA 68-73). Esta acolhida quer significar que ainda o candidato não pertence à comunidade e que se inicia, agora, um processo de apresentação e conhecimento, como numa relação de amizade, fortalecida e amadurecida com o tempo. Desse modo, **este primeiro momento do rito é exclusivamente aos catecúmenos**, ou seja, aos não batizados. Se no grupo não tiver catecúmenos, esse primeiro momento pode ser omitido. Se for um grupo misto, com a presença de catequizandos, os já batizados, eles participam junto da assembleia, uma vez que já são cristãos e pertencem à Igreja, mesmo que não a frequente.

O segundo momento do rito consta da Liturgia da Palavra:

Exortação sobre a dignidade da Palavra de Deus
Entrada e incensação do livro da Palavra de Deus
Leituras bíblicas e homilia
Entrega dos Evangelhos
Preces pelos catecúmenos e oração conclusiva
Celebração da eucaristia ou canto e despedida dos fiéis e dos catecúmenos.

Momento em que saborearão a Palavra que dá vida, sacia toda sede e devolve a alegria ao coração humano, e receberão solenemente o Livro Sagrado. Não sendo um rito exclusivo dos catecúmenos, todo o grupo poderá participar deste segundo momento, recebendo cada um uma Bíblia, fazendo apenas pequenas adaptações nas orações[40].

Unção dos catecúmenos

O rito de unção com o óleo dos catecúmenos indica o fortalecimento na batalha travada ao longo da vida cristã. Ao ungir o catecúmeno, a Igreja quer transmitir a força de Deus para os que iniciam a vida cristã, que não será fácil certamente. Na unção, as palavras proferidas pelo ministro também evocam a força de Cristo para o catecúmeno: "O Cristo Salvador lhes dê a sua força..." (RICA

---

[40] Cf. PARO. Thiago. *As celebrações do RICA. Conhecer para bem celebrar*. Petrópolis: Vozes, 2017. p. 25.

132). O óleo e as unções são elementos que tanto na Sagrada Escritura quanto na liturgia têm aplicações bastante diversificadas e frequentes. Especificamente para a unção pré-batismal, recordamos os guerreiros e atletas que, preparando-se para o combate e para o esforço, desde antigamente, passavam óleo no corpo para que, durante a batalha, fizessem escorregar as mãos dos inimigos. Cirilo de Jerusalém escreve em uma de suas catequeses mistagógicas o significado desta unção:

> Fostes ungidos com óleo exorcizado desde o alto da cabeça até os pés. Assim vos tornastes participantes da oliveira cultivada, Jesus Cristo. Cortados da oliveira bravia, fostes enxertados na oliveira cultivada e vos tornastes participantes da abundância da verdadeira oliveira. O óleo exorcizado era símbolo, pois, da participação da riqueza de Cristo. Afugenta toda presença das forças adversas. Como a insuflação dos santos e a invocação do nome de Deus, qual chama impetuosa, queima e expele os demônios, assim este óleo exorcizado recebe, pela invocação de Deus e pela prece, uma tal força que, queimando, não só apaga os vestígios dos pecados, mas ainda põe em fuga as forças invisíveis do maligno.[41]

[41] CIRILO DE JERUSALÉM. *Catequeses Mistagógicas 2,3.* Petrópolis: Vozes, 2004. p. 33. Cf. PARO. Thiago. *As celebrações do RICA. Conhecer para bem celebrar*. Petrópolis: Vozes, 2017. p. 32-34.

A unção com o óleo dos catecúmenos é exclusiva para os catecúmenos, uma vez que os catequizandos já foram batizados, não tendo sentido ungi-los novamente. Os catequizandos podem ser incentivados a participar da celebração em que será realizado o rito da unção, acompanhando e apoiando os colegas de turma, e rezando por eles.

Entrega do Símbolo

Esta entrega é a mais antiga que conhecemos pela Tradição da Igreja. Tem um sentido muito importante dentro do processo da iniciação, pois a fé cristã tem-se expressado por meio da profissão desde os seus primórdios. Ambrósio de Milão, ao explicar o Símbolo aos catecúmenos, escreve: "Agora chegou o tempo e o dia de apresentar a tradição do símbolo, este símbolo que é sinal espiritual, este símbolo que é objeto da meditação de nosso coração e como salvaguarda sempre presente. De fato, é nosso íntimo"[42]. Assim, ao entregar o Símbolo aos catecúmenos durante a iniciação, a Igreja confia-lhes os antiquíssimos documentos da fé, que "recordam as maravilhas realizadas por Deus para a salvação dos homens" (RICA 25), transmitem a fé da comunidade que crê na Trindade e tende a se aprofundar cada vez mais no Pai, no Filho e no Espírito, assemelhando-se progressivamente a Eles.

O Símbolo é a face visível do mistério de Deus, é manifestação. Assim, quer-se levar os catecúmenos a essa experiência a partir da reflexão dos artigos da fé, pois a

[42] AMBROISO DE MILÃO. *Explicação do Símbolo, 1.* Patrística. v.5. São Paulo: Paulus, 1996. p. 23.

linguagem do Símbolo, por sua natureza, coloca quem dele se serve, em estreito contato com a totalidade do mistério. Ainda, a própria denominação "símbolo", remete à origem da palavra, algo que une. Aqui, pessoas de diferentes culturas, maneiras de pensar e agir, tornam-se UM ao professarem uma só fé. A grande unidade na diversidade: A Igreja.

Receber o Símbolo, e professá-lo mais adiante, expressa a consciência e maturidade dos que almejam viver em comunhão com toda a tradição da Igreja, em continuidade com a pregação dos primeiros apóstolos[43]. Proposta pelo Ritual da Iniciação Cristã de Adultos – RICA, o rito de Entrega consta de:

Entrega do Símbolo;
Oração sobre os catecúmenos;
Despedida dos Catecúmenos.

Por não ser um rito exclusivo dos catecúmenos, todo o grupo poderá participar e receber o Símbolo. A entrega do Credo para os adultos é feita verbalmente, pois o rito diz: "Caríssimos catecúmenos, agora vocês escutarão as palavras da fé pela qual vocês serão salvos. São poucas, mas contêm grandes mistérios. Recebam e guardem essas palavras com pureza de coração" (RICA 186), portanto não é necessário entregar o texto impresso.

Entrega da Oração do Senhor

O Pai-nosso, a principal oração do cristão e tida como o resumo de todo o Evangelho. "Desde a antiguidade

---

[43] Cf. PARO. Thiago. *As celebrações do RICA. Conhecer para bem celebrar.* Petrópolis: Vozes, 2017, p. 35-36.

é a oração característica dos que recebem no Batismo o espírito de adoção de filhos e será rezada pelos neófitos, com os outros batizados, na primeira Eucaristia de que participarem" (RICA 188). Esta entrega é muito significativa, pois apresenta aos catecúmenos e catequizandos o Pai-nosso como modelo para uma vida de oração pessoal e comunitária. Jesus, em vários momentos de sua vida, deixou o exemplo e ensinou a importância da oração. E foi por causa do seu testemunho que os discípulos pediram para que os ensinasse a orar: "Estando em certo lugar, orando, ao terminar, um de seus discípulos pediu-lhe: 'Senhor, ensina-nos a orar, como João ensinou a seus discípulos'" (Lc 11,1). "É em resposta a este pedido que o Senhor confia a seus discípulos e à sua Igreja a oração cristã fundamental. S. Lucas traz um texto breve (de cinco pedidos); S. Mateus, uma versão mais desenvolvida (sete pedidos). A tradição litúrgica da Igreja conservou o texto de S. Mateus" (RICA 188).

E é essa oração fundamental que a Igreja recebe do Senhor e transmite aos catecúmenos e catequizandos, convidando-os a meditarem e refletirem sobre cada um dos seus sete pedidos. Mais ainda, mostra-lhes que, para rezar, não é preciso muitas palavras, basta um coração puro, humilde e arrependido; Jesus se retirava do meio da multidão. É preciso parar com os afazeres do dia a dia, retirar-se e se colocar sozinho no silêncio (cf. Lc 6,12; Mt 14,23). Quando falamos, Deus se cala. É preciso parar e silenciar nossa vida e nosso coração para escutar Deus. Oração é um diálogo; o Pai-nosso é a mais perfeita das orações, pois ordena nossos pedidos, bem como o que devemos pedir. A entrega da Oração do Senhor, proposta pelo Ritual da Iniciação Cristã de Adultos – RICA, consta de:

Entrega da Oração do Senhor;
Oração sobre os catecúmenos;
Despedida dos Catecúmenos.

A entrega da Oração do Senhor para os adultos é feita verbalmente, portanto não é necessário entregar o texto com a versão catequética da oração impressa.

> As celebrações de entrega da Palavra, do Creio e do Pai-nosso expressam, na comunidade, a tradição de entregar os tesouros da fé às novas gerações. Igualmente, os exorcismos precisam ser entendidos como afastamento de todo o mal; conforme a súplica do Pai-nosso: "Livrai-nos do mal". Assim, supera-se uma mentalidade fantasiosa que distorce o real problema do mal e do maligno (Doc. 107, n. 146).

Celebração da Eleição ou inscrição do nome

Esta celebração tem por intenção acolher os catecúmenos para a recepção dos sacramentos da Iniciação Cristã, oportunizando-lhes uma preparação espiritual mais intensa, de maneira que toda a comunidade também participe com seu apoio, incentivo e orações. Após o longo período de formação do espírito e do coração, proporcionado pelo tempo do catecumenato, a Igreja ouve os padrinhos, os cate-

e parecer sobre a formação e o progresso dos catecúmenos. O RICA, no n. 134, deixa claro que: "para que alguém possa ser inscrito entre os 'eleitos', deve possuir fé esclarecida e firme desejo de receber os sacramentos da Igreja". Deve-se ouvir também os catecúmenos para que expressem a sua vontade e o seu firme desejo de receber os sacramentos da Igreja. Assim, é celebrado o presento rito, que encerra o Tempo do catecumenato propriamente dito[44].

A eleição é uma celebração exclusiva para os catecúmenos, uma vez que os catequizandos, sendo batizados, já são membros da Igreja. Os catequizandos podem ser incentivados a participar da celebração, acompanhando os colegas de turma, rezando por eles. A eleição é celebrada, habitualmente, na missa do primeiro domingo da Quaresma, e a ação ritual consta de:

Proclamação da Palavra e Homilia
Apresentação dos candidatos
Exame e petição dos candidatos
Admissão ou eleição
Despedida dos Eleitos
Liturgia Eucarística

Por motivos pastorais, realmente justificáveis, o rito pode ser transferido para outra data, observando as orientações do RICA, n. 139 e 141. Para esta celebração, é necessário providenciar livro para que possa ser inscrito o nome dos que serão eleitos[45].

---

[44] PARO. Thiago. *As celebrações do RICA. Conhecer para bem celebrar.* Petrópolis: Vozes, 2017, p. 39.

[45] Sugerimos o livro publicado em 2018 pela Editora Vozes: *"Livro de inscrição dos Eleitos"*, organizado exclusivamente para este fim, além de possibilitar o registro das datas das demais celebrações, auxiliando na organização e no acompanhamento dos catecúmenos e catequizandos.

Primeiro, segundo e terceiro escrutínio

A palavra escrutínio vem do latim *scrutari* (esquadrinhar, examinar, visitar, buscar). No RICA, dá-se este nome às provas e celebrações compostas da leitura da Palavra, orações e exorcismos, realizados sobretudo no caminho do catecumenato batismal, que tem duas finalidades: "Descobrir o que houver de imperfeito, fraco e mau no coração dos eleitos, para curá-los; e o que houver de bom, forte, santo, para consolidá-los" (RICA 25). São celebrações muito importantes em termos espirituais, pois esclarecem aos futuros batizados o sentido das lutas que irão travar durante a caminhada cristã, as renúncias e as rupturas a que serão chamados a realizar, levando-os a viver sob o símbolo da vitória de Cristo. Os escrutínios, celebrados solenemente nas missas próprias do 3º, 4º e 5º domingos da Quaresma, têm a mesma estrutura, qual seja:

Proclamação da Palavra e homilia
Oração em silêncio
Prece pelos Eleitos
Exorcismo
Despedida dos eleitos
Liturgia Eucarística

Com temáticas diferentes, seguindo as leituras do Lecionário do Ano A, usa-se no primeiro escrutínio o Evangelho da Samaritana, no segundo o cego de nascença e no terceiro a ressurreição de Lázaro. Com este itinerário, seguindo a pedagogia quaresmal, cada celebração ajudará o eleito a perceber, de modo mais profundo, a importância de Cristo em sua própria vida. A função dos escrutínios, portanto, que se realizam por meio dos exorcismos, é sobretudo espiritual, estão "orientados para libertar do pecado e do demônio e confirmar no Cristo, que é o caminho, a verdade e a vida dos eleitos" (RICA 25)[46]. Os escrutínios são exclusivos para os catecúmenos, uma vez que os catequizandos, sendo batizados, terão uma celebração própria de purificação: a celebração do sacramento da Penitência. Os catequizandos podem ser incentivados a participar da celebração com o rito dos escrutínios, acompanhando e apoiando os colegas de turma, e rezando por eles[47].

Celebração do Sacramento da Penitência

Esta celebração não é prevista no itinerário proposto pelo RICA, uma vez que, como já dissemos, o itinerário foi organizado tendo como destinatários os catecúmenos. Porém, uma vez que acolhemos os já batizados no processo de iniciação, estes podem e devem se confessar. Portanto, este é o rito de purificação próprio dos catequizandos. Com a celebração deste sacramento, despertar-se para a necessidade do arrependimento e da reconciliação com Deus e com os irmãos e irmãs. É importante frisar que se trata de um sacramento, que exige uma celebração conforme orienta o Ritual da Penitência: com escuta da Palavra, exame de consciência, confissão e absolvição in-

[46] PARO. Thiago. *As celebrações do RICA. Conhecer para bem celebrar.* Petrópolis: Vozes, 2017, p. 42-45.

[47] PARO, Thiago. *O Caminho. Subsídio para Iniciação à Vida Cristã com adultos.* Catequista. Petrópolis: Vozes, 2021, p. 179.

dividual[48]. Recordamos que só podem se aproximar do sacramento da Penitência os já batizados, podendo os catecúmenos participarem da celebração, mas sem a confissão e absolvição individual, para irem criando a consciência de pecado. Os padrinhos e pessoas próximas podem ser convidadas e poderão também aproveitar a oportunidade para se confessar, se o tempo e a quantidade de padres permitirem. A presente Celebração Penitencial segue o rito proposto pelo Ritual da Penitência, no capítulo II: "Rito para a reconciliação de vários penitentes com confissão e absolvição individuais[49]", que consta:

Ritos Iniciais
- *Canto*
- *Saudação*
- *Oração*

Liturgia da Palavra
- *Leituras bíblicas e homilia*
- *Exame de consciência*

Rito da reconciliação
- *Confissão genérica dos pecados*
- *Pai-nosso*
- *Confissão e absolvição individual*

Louvor a Deus por sua Misericórdia

Canto de louvor
- *Oração*

---

[48] PARO, Thiago. *O Caminho. Subsídio para Iniciação à Vida Cristã com adultos*. Catequista. Petrópolis: Vozes, 2021, p. 189.

[49] Cf. RITUAL DA PENITÊNCIA. 2. ed. São Paulo: Paulus, 2006.

Rito Conclusivo
Bênção Final

Sugere-se que a celebração aconteça em dia de semana, durante o Tempo da Quaresma.

Ritos de Preparação Imediata

Os ritos de preparação imediata são celebrações sugeridas pelo RICA, que podem acontecer na manhã do Sábado Santo, ou no começo da tarde, a fim de preparar os eleitos para os sacramentos através do recolhimento e da oração. Propõe-se o seguinte esquema ritual para a celebração de preparação imediata:

Ritos iniciais
Liturgia da Palavra
Recitação do Símbolo
Rito do "Éfeta"
Escolha do nome cristão
Rito da unção

A celebração começa, como de costume, com a procissão inicial, o sinal da cruz e a saudação, de quem preside, e conclui com uma oração da coleta. Em seguida, prossegue-se a liturgia da Palavra, que é um convite aos eleitos a reconhecerem Jesus como o enviado do Pai para salvá-los e libertá-los das trevas e se converterem sem medo.

Após a homilia, procede-se a recitação do Símbolo e o rito do "Éfeta" que denominado conforme o aramaico "éfeta", que significa literalmente "abre-te", é um pedido de "abertura dos sentidos" para Cristo e, "por seu próprio simbolismo, sugere a necessidade da graça para ouvir e professar a Palavra de Deus, a fim de se alcançar a salvação" (RICA 200).

Na sequência, pode ser dado um novo nome cristão ao eleito. A mudança de nome simboliza sobretudo o novo status que o eleito irá assumir, a nova identidade, a disposição de se identificar com a comunidade eclesial. No ocidente, de tradição cristã, basta explicar o significado cristão do nome recebido dos pais. Antes, podem ser lidos e explicados textos que apresentam alguns personagens bíblicos que tiveram o nome mudado (Abrão/Abraão, Simão/Pedro), em função do novo status ou serviço assumido (cf. RICA 204). Em seguida, poderá ser feita ou repetida a unção com o óleo dos catecúmenos.

A celebração é encerrada, os eleitos e toda a comunidade continuam a observar o jejum e o silêncio deste dia, até a solene celebração da Vigília Pascal, em que os eleitos receberão os três sacramentos da iniciação cristã, sendo incorporados ao corpo de Cristo[50]. Os ritos de preparação imediata são exclusivos para os catecúmenos, uma vez que os catequizandos, sendo batizados, já passaram pelos ritos do Éfeta, já foram ungidos com o óleo dos catecúmenos e, na Vigília Pascal, com toda a comunidade, renovarão as promessas do Batismo. Os catequizandos poderão ser incentivados a participar desses ritos, acompanhando e apoiando os colegas de turma, e rezando por eles.

---

[50] Cf. PARO. Thiago. *As celebrações do RICA. Conhecer para bem celebrar*. Petrópolis: Vozes, 2017, p. 45-47.

Celebração dos Sacramentos da Iniciação

Conscientes e eleitos chegam à última etapa desse itinerário, onde receberão os Sacramentos da Iniciação Cristã, que devem ser realizados de modo especial na Vigília Pascal, tornando a liturgia desta noite revestida ainda mais de importância e significado.

Todos reunidos, após breve celebração da luz (primeira parte da vigília), onde, com a bênção do fogo novo e o acendimento do Círio Pascal, a escuridão é rompida e iluminada pela Luz do Cristo ressuscitado, coluna luminosa, sol nascente que nos veio visitar. A alegria da proclamação da Páscoa abre os ouvidos e o coração do povo reunido, para escutar e meditar as maravilhas que Deus realizou desde o início pelo seu povo, que confiou em sua Palavra e sua promessa (liturgia da Palavra – segunda parte da vigília). E então se chega ao tão esperado momento em que os eleitos receberão o primeiro sacramento da Igreja: O Batismo, e em seguida, com a anuência do Ordinário local, neófitos e catequizandos, receberão a Confirmação e a Eucaristia.

A estrutura e sequência ritual, após a Liturgia da Palavra, compreende:

Celebração do Batismo

Apresentação dos eleitos e exortação de quem preside
Ladainha
Oração sobre a água
Renúncia
Unção
Profissão de fé

Banho Batismal
Ritos complementares
Veste batismal
Entrega da luz

Celebração da Confirmação Celebração da Eucaristia

Se a celebração se realizar fora do tempo próprio, dê-se o mesmo caráter pascal, usando os textos da missa ritual, que se encontra no missal (cf. RICA 209). Tendo como base organizacional o itinerário das primeiras comunidades, o RICA torna-se o principal instrumento de apoio e transformação do processo iniciático da Igreja de nossos tempos, unindo catequese e liturgia:

> o itinerário catecumenal apresentado pelo RICA desenvolve uma adequada articulação entre a proclamação da Palavra (doutrina), a celebração litúrgica (ritos) e o compromisso de vida (caridade), envolvendo liturgia e catequese, ambas ligadas ao processo de transmissão e de crescimento da fé, tão próximos um do outro que, de modo algum, podem ser considerados como realidades distintas[51].

Portanto, faz-se cada vez mais urgente descobrir o RICA e a essência de suas celebrações, propondo-as em sintonia com o itinerário catequético, fazendo com que as celebrações se tornem verdadeiros momentos de iniciação cristã.

---

[51] PARO, Thiago. *As celebrações do RICA.* Conhecer para bem celebrar. Petrópolis: Vozes, 2017, p. 21.

PARTE III

A Mistagogia e o Método Mistagógico

1. A mistagogia nos primeiros séculos

O esquecimento da dimensão mistagógica na transmissão das verdades da fé e na celebração litúrgica, ao longo dos séculos, produziu profundas sequelas na vivência cristã, contribuindo para que, ainda hoje, muitos cristãos percebam e vivenciem a liturgia apenas no seu aspecto externo ou estético, numa prática feita de hábitos e obrigações que, por vezes, chega até a beirar a mentalidade mágica. Para muitos, a liturgia está associada apenas a ritos, regras, rubricas, paramentos, ornamentações e arrumações, àquilo que se pode ou não se pode fazer. A familiaridade com gestos e expressões, a postura de passividade diante do rito, a atenção desviada para aspectos secundários da ação litúrgica, a repetição de fórmulas profundas, sem a consciência básica do mistério que se está celebrando, são alguns dos fatores que conduzem ao distanciamento daquele que é o sentido mais profundo e verdadeiro da natureza litúrgica[52]. Temos uma multidão resignada pelo hábito ritualístico e oprimida pelo tédio da repetição.

[52] Cf. SILVA, Marta. A presença mística de Cristo na assembleia litúrgica: Ele está no meio de nós, in: Revista *TeoPraxis*, Rio de Janeiro, v. 1, n. 2, p. 95-110, jul./dez. 2021.

Para viver plenamente a ação litúrgica e vivenciar a surpresa com o mistério, é necessária a formação mistagógica do povo Deus. Essa formação é fundamental não apenas aos membros da pastoral litúrgica e da catequese, mas a toda a comunidade celebrante. Ao ampliar nossa compreensão de liturgia, passamos a obter a capacidade de nos surpreender com o que ocorre nas celebrações diante de nossos olhos. Conforme avançamos nessa ótica, conseguimos participar do culto com profundo sentido de reverência e maravilha, reconhecendo o mistério que se desdobra diante de nós, nos ritos e nas preces. A formação litúrgica nos prepara para participar ativamente da liturgia, levando-nos à compreensão que é necessário não apenas cumprir as rubricas, mas também nos conectarmos com a dimensão espiritual de maneira mais profunda e significativa[53].

Celebrar significa tomar consciência de ser alcançado pela graça, estruturando-se como sujeito cristão e assumindo uma vida ética profundamente litúrgico-sacramental. Ser formado para a liturgia não quer dizer que se precise fazer muitos cursos para preparar a celebração ou ler muitos livros, mas deixar-se formar pela própria ação litúrgica. A liturgia não é a compreensão de uma ideia que se explica por meio de um rito, mas é a experiência do mistério mediante as ações e os gestos realizados no rito. Portanto, a celebração pode ser definida como o momento expressivo, simbólico, ritual e sacramental, no qual a liturgia se torna ato que evoca e torna presente, mediante palavras e gestos, a salvação

---

[53] Cf. MARQUES, Luis. *A mistagogia da missa. Nos ritos e nas preces.* Petrópolis: Vozes, 2023, p. 11.

realizada por Deus em Jesus Cristo, com o poder do Espírito Santo[54].

Sendo assim, o nosso objetivo neste capítulo é contribuir para o despertar de uma nova mentalidade na vivência celebrativa do Mistério Pascal de Cristo. Entretanto, diante da complexidade do tema, evidenciaremos apenas alguns pontos considerados importantes. O caminho percorrido para a construção dessa reflexão seguiu a trilha traçada pelo Concílio Vaticano II, no seu retorno às fontes da Revelação, bíblica e patrística, portanto, profundamente mistagógica.

Já vimos que o catecumenato da Igreja primitiva estava composto por quatro tempos (*pré-catecumenato, catecumenato, iluminação ou purificação e mistagogia*) e três etapas (*admissão, eleição e celebração dos sacramentos*), cuja finalidade não era dar apenas um sacramento, mas era formar o discípulo de Jesus Cristo e a comunidade eclesial. No capítulo anterior, falamos de três tempos específicos, dos seus ritos e das suas celebrações, aqui queremos falar do quarto tempo: a mistagogia.

O termo "mistagogia" deriva da língua grega, e pode ser traduzido como: a ação de guiar, conduzir, para dentro do mistério, ou ainda, ação pela qual o mistério nos conduz. No catecumenato da antiguidade cristã, o termo designa, sobretudo, a vivência teológica e simbólica dos ritos litúrgicos da iniciação. O tempo da mistagogia se destinava aos neófitos durante a oitava da Páscoa e tinha como prática a transmissão do significado dos ritos e

---

[54] Cf. MARTÍN, Julian. *A liturgia da Igreja: teologia, história, espiritualidade e pastoral*. Petrópolis: Vozes, 2022, p. 158; MARQUES, Luis. *A mistagogia da missa. Nos ritos e nas preces*. Petrópolis: Vozes, 2023, p. 15.

símbolos dos sacramentos vividos na Vigília Pascal. Não pretendemos fazer um estudo específico sobre o vocabulário da mistagogia, mas somente lembrar alguns dados. Podem ser encontradas diversas fontes e autores que desenvolvem e explicitam a evolução do termo. Um dos estudos coloca em evidência o aspecto poético dos textos mistagógicos. O mistério é descrito de modo simples e cheio de fervor sagrado. Há a alegria da verdade e o entusiasmo pela verdade. Outro estudo define mistagogia como catequese sobre os mistérios, distinguindo a catequese que precede a iniciação sacramental da catequese que a segue[55].

Naquele tempo, as celebrações dos sacramentos eram reservadas aos iniciados. Quem não era batizado não podia participar das celebrações. "A prática predominante entre os Padres era expor o significado dos ritos e símbolos dos sacramentos, isto é, os mistérios, somente após terem sido celebrados"[56]. Sendo assim, participando pela primeira vez da vigília pascal, tendo recebido os sacramentos do batismo e da crisma, podiam se aproximar da mesa da Eucaristia. A prática era chamada de *"disciplina arcani"* ou "disciplina de sigilo". Dois motivos podem ser identificados para o surgimento deste costume: O primeiro é de cunho pedagógico, pois, para compreender o sentido teológico e litúrgico dos ritos sacramentais, era preciso vivenciá-los e experimentá-los antes de serem explicados. A segunda razão, por medo de que os pagãos pudessem

[55] Cf. MAZZA, Enrico. *A mistagogia: as catequeses litúrgicas do fim do século IV e seu método*. São Paulo: Loyola, 2020, p.18.

[56] CHUPUNGCO, Anscar J. Inculturação Litúrgica. Sacramentais, religiosidade e catequese. São Paulo: Paulinas, 2008, p. 151.

não compreender as ações rituais e simbólicas, fazendo uma má interpretação por não serem iniciados, ligando-as aos cultos pagãos.

As catequeses mistagógicas feitas pelos Padres não tinham a preocupação de dar explicações de maneira sistemática. Partiam das celebrações litúrgicas, dos ritos e símbolos experienciados pelos neófitos, valorizando-os e interpretando-os à luz das Sagradas Escrituras, mostrando o plano de salvação realizado por Deus na história. Daí identificavam o compromisso cristão que o neófito agora era chamado a assumir perante a Igreja e a sociedade, como sinal de sua nova vida.

O abandono ao longo da história da "disciplina do sigilo" e do itinerário catecumenal dos primeiros séculos separou a liturgia da catequese e liturgia. A fé passou a ser racionalizada e explicada a partir de conceitos filosóficos e teológicos. Se os Padres da Igreja "explicavam" os sacramentos durante a celebração litúrgica, na frente do altar, do ambão ou da fonte batismal; os Padres escolásticos explicavam na sala da aula e a partir dos grandes manuais sistemáticos, interessando-se pela essência, efeito, ministro e sujeito. Os Padres da Igreja especulavam no culto e a partir do culto, preocupados, no tocante aos sacramentos e à eucaristia, não em dar forma sistemática ao mistério, mas em introduzir o neófito ao mistério mesmo, através de uma compreensão orante. Os Padres primeiro rezavam e depois criam, rezavam para poder crer, rezavam para saber como e o que deviam crer. Assim, para os Padres e para o teólogo do I milênio, o lugar privilegiado em que estudavam os sacramentos era a Igreja. O altar é o verdadeiro mestre. É a *lex orandi* que se senta na cátedra, para dizer a todos o que é a eucaristia[57]. O rito é, por excelência, o liturgista principal. Ele diz o porquê dos símbolos e o sentido das ações.

Cirilo de Jerusalém, em unidade com os seus contemporâneos, considerava a mistagogia como um tempo litúrgico determinante para o conhecimento e para a adesão à fé, e privilegiava o trabalho de Iniciação à Vida Cristã. As suas Catequeses Mistagógicas se desenvolvem também nessa trilha e fidelidade, convocando os neófitos a caminharem na unidade com a tradição da qual participam. Ele não nomeia Concílios em suas homilias nem mesmo usa categorias teológicas. Mantendo sua prioridade catequética, a linguagem flui de acordo com o grupo de neófitos, orientando-os segundo a experiência pascal que acabaram de vivenciar sacramentalmente e que os convida ao seguimento e mudança de vida. Ele trabalha a tradição viva da fé cristã e a dinâmica da revelação presente na história[58].

> Desde há muito tempo desejava falar-vos, filhos legítimos e muito amados da Igreja, sobre estes espirituais e celestes mistérios. Mas como sei bem que a vista é mais fiel que o ouvido, esperei a ocasião presente, para encontrar-vos, depois desta grande noite, mais preparados para compreender o que se vos fala e levar-vos pelas mãos ao prado luminoso e fragrante deste paraíso[59].

---

[57] Cf. GIRAUDO, Cesare. *Num só corpo. Tratado mistagógico sobre a eucaristia*. São Paulo: Loyola, 2014, p. 7-9.

[58] Cf. COSTA, Rosemary. Mistagogia: um diálogo fecundo entre mística e pedagogia. Revista Pistis & Praxis, Curitiba, v. 6, n. 2, p. 693-718, maio/ago. 2014.

[59] CIRILO DE JERUSALÉM. Catequeses Mistagógicas 2,3. Petrópolis: Vozes, 2004, p. 25.

Exemplificando um pouco mais esta prática, citamos um trecho das catequeses mistagógicas sobre o Batismo, em que Cirilo de Jerusalém explica o sentido da renúncia a satanás como sinal de libertação da escravidão, realizado no Antigo Testamento:

> Entrastes primeiro no adro do batistério. Depois vos voltastes para o Ocidente e atentos escutastes. Recebestes então a ordem de estender a mão, e renunciastes a satanás como se estivesse ali presente. É preciso que saibais que na história antiga há uma figura deste gesto. Quando o faraó, o mais inumano e cruel tirano, oprimia o povo livre e nobre dos hebreus, Deus enviou Moisés a tirá-los desta penosa escravidão dos egípcios. Com sangue de cordeiro eram ungidas as ombreiras das portas, a fim de que o exterminador passasse pelas casas que ostentassem o sinal do sangue. Assim, o povo dos hebreus foi admiravelmente libertado. Quando, depois da libertação, faraó os perseguiu e viu o mar abrir-se maravilhosamente diante deles, avançou mesmo assim ao encalço deles e, submerso instantaneamente, foi engolido pelo Mar Vermelho.
>
> Passai agora comigo das coisas antigas às novas, da figura à realidade. Lá Moisés foi enviado por Deus ao Egito; aqui Cristo, do seio do Pai, foi enviado ao mundo. Aquele para tirar o povo oprimido do Egito; Cristo para livrar os que no mundo são acabrunhados pelo pecado.

> Lá o sangue do cordeiro afastou o anjo exterminador; aqui o sangue do Cordeiro Imaculado, Jesus Cristo, constitui um refúgio contra os demônios. Aquele tirano perseguiu até o mar este povo antigo; e a ti, o demônio atrevido, impudente e príncipe do mal, te segue até as fontes mesmas da salvação. Aquele afogou-se no mar; este desapareceu na água da salvação[60].

Essa prática mistagógica tem sua origem na tradição litúrgica hebraica, que ainda hoje a preserva durante os ritos da Páscoa hebraica. Durante a celebração, no momento do anúncio pascal e ceia, o filho mais novo pergunta ao pai: "Por que esta noite é diferente de todas as noites". A pergunta do filho pode ser traduzida por: O que significa esse rito? A resposta é o anúncio salvífico da libertação da escravidão até a chegada à terra prometida. Com este rito se cumpre a prescrição descrita no livro do Êxodo 13,14, de se transmitir de geração em geração o anúncio da libertação. "O que nós ouvimos, o que aprendemos, o que nossos pais nos contaram, não ocultaremos a nossos filhos; mas vamos contar à geração seguinte as glórias do Senhor, o seu poder e as obras grandiosas que Ele realizou" (Sl 78,3-4). Com este rito, o pai preserva o fundamento e a historicidade de sua fé. O relato esclarece os sentidos do rito que compõe aquela celebração, e impede que a liturgia daquela noite se torne magia[61].

Essa pergunta também era feita pelos neófitos dos primeiros séculos. Esta lhes respondia através do tempo da mistagogia, com suas catequeses. Os santos Padres

---

60 CIRILO DE JERUSALÉM. *Catequeses Mistagógicas* 2,3. Petrópolis: Vozes, 2004, p. 26.

61 Cf. BOSELLI, Goffredo. *O sentido espiritual da liturgia*. Brasília: Ed. CNBB, 2014, p. 21.

mostravam aos novos cristãos que, em toda ação simbólico-ritual, estão presentes os eventos da salvação narrados pelo Antigo e Novo Testamento. Que detrás de todos os ritos litúrgicos tem o evento histórico, de nossa libertação realizada por Jesus Cristo, com sua morte de cruz e ressurreição. Os Padres tinham medo, como os judeus, de perder a origem e significado das ações litúrgicas, de esvaziá-los, sem a sua compreensão.

Esse ensinamento parte da prática, da vivência, da iluminação da fé que brota dos próprios sacramentos. Impossível reduzir a relação da pessoa de fé com o mistério de Deus e de seu Reino, revelado por Jesus a conceitos racionais, dogmas ou a um código moral, ou ainda a uma mera explicação. É necessário ser iniciado no conhecimento do mistério, na comunhão com Deus, não somente com palavras, mas principalmente através de uma experiência eclesial e ritual do mistério de Cristo que leve o fiel a uma vida de fé, centrada na pessoa dele. Assim, os Padres da Igreja, partindo de cada rito e símbolo, explicitavam a mistagogia própria da ação litúrgica, mostrando como a ritualidade incorporada de seus símbolos conduz os fiéis para dentro do mistério celebrado.

> O rito é para a liturgia aquilo que a letra é para a Escritura. Por isso a liturgia, como as Escrituras, exige uma compreensão espiritual, uma penetração em profundidade. Quanto mais lemos os textos mistagógicos, mais nos damos conta de como a mistagogia não era para os Padres uma simples iniciação à liturgia, antes, a partir da liturgia, uma compreensão do misté-

rio, do único mistério contido nas Escrituras e celebrado na liturgia: o mistério de Cristo[62].

A mistagogia é, ao mesmo tempo, conhecimento do mistério contido nas Escrituras e conhecimento do mistério contido na liturgia. O objeto do conhecimento é único: o mistério de Deus[63]. Portanto, a mistagogia é uma pedagogia poética, uma forma de catequese e uma profunda teologia espiritual. É uma maneira de fazer teologia no sentido autêntico do termo. Se a liturgia é o âmbito no qual se confessa a fé e ela mesma é expressão da fé da Igreja, a liturgia é um lugar teológico[64]. Dessa maneira, a mistagogia é muito mais do que um gênero literário ou uma metodologia pastoral-litúrgica e catequética[65]. Logo, trata-se de uma "leitura" da ação da graça no fiel, de conduzir o iniciado a viver plenamente o dom recebido, o mistério da salvação[66].

Mistagogia é a vida da comunidade eclesial, em sua dimensão espiritual, litúrgica, pastoral, contemplativa e escatológica. É fonte de abertura à dinâmica da Revelação; é caminho, percurso, trajetória de adesão, crescimento, aperfeiçoamento; é participação nos ritos e nas celebrações litúrgicas de forma ativa e consciente; é a Pa-

---

[62] BOSELLI, Goffredo. *O sentido espiritual da liturgia*. Brasília: Ed. CNBB, 2014, p. 24.

[63] Cf. BOSELLI, Goffredo. *O sentido espiritual da liturgia*. Brasília: Ed. CNBB, 2014, p. 15-16.

[64] Cf. MARQUES, Luis. *A mistagogia da missa. Nos ritos e nas preces*. Petrópolis: Vozes, 2023, p. 22.

[65] Cf. MAZZA, Enrico. *La mistagogia: una teologia della liturgia in epoca patristica*. Roma: C.L.V. Edizioni Liturgiche, 1988, p. 6-7.

[66] Cf. MARTÍN, Julian. *A liturgia da Igreja: teologia, história, espiritualidade e pastoral*. Petrópolis: Vozes, 2022, p. 476.

lavra acolhida que revoluciona a dinâmica pessoal e comunitária; é contemplação orante do mistério que se revela na história; é a penetração progressiva até o encontro definitivo com o mistério de Deus[67].

2. Cristo, autor e mistagogo dos sacramentos

"Foi do lado de Cristo adormecido na cruz que nasceu o sacramento admirável de toda a Igreja" (SC 5). Nos sacramentos, substância da vida litúrgica da Igreja (SC 6), nós encontramos o Cristo. Nesse sentido, eles destinam-se a santificar os homens e a edificar a Igreja, a glorificar a Deus, a instruir, alimentar, fortificar e exprimir a fé (SC 59). "Cristo é o sacramento 'primordial' do Pai, sinal e instrumento do encontro dos homens com Deus, a própria salvação. Ele na sua humanidade e divindade é o grande sacramento, o sacramento-base; melhor ainda: o sacramento-fonte de onde todos os sacramentos descendem."[68] Nele e por Ele, o amor trinitário se manifesta e se comunica com os homens e a resposta dos homens se manifesta e se comunica com a Trindade.

Ele é o fundamento e a razão de ser de toda a sacramentalidade, o autor dos sacramentos, pois do seu lado aberto pela lança fez jorrar, com a água e o sangue, os sacramentos da Igreja, para que todos, atraídos ao seu Coração, pudessem beber, com perene alegria, na fonte

---

[67] Cf. FEDERICI, Tommaso. La mistagogia della Chiesa. In: ANCILLI. E. (Ed.) *Mistagogia e direzione spirituale*. Roma: Pontificio istituto di spiritualita del Teresianum; Milano: O. R., 1985.

[68] MARSILI, Salvatore. *Sinais do mistério de Cristo*. São Paulo: Paulinas, 2010, p. 87.

salvadora[69]. Ele é o "protosacramento", o "sacramento original", o verdadeiro "único sacramento fundante" que visibiliza o amor e a graça de Deus de modo supremo. Ele é o fundamento e a razão de ser de toda a sacramentalidade. A Igreja, referida a Cristo, age de maneira salvífica quando torna presente a ação salvífica de Cristo no tempo e no espaço. Dessa maneira, na sacramentalidade de Cristo, fundamenta-se a sacramentalidade da Igreja e dos sacramentos, como delineado nos textos conciliares[70]. É a categoria de sacramentalidade que possibilita a articulação que existe entre a identidade da Igreja, o que ela é em si, e o seu operar no mundo, a sua missão universal. Portanto, sacramento é, em primeiro lugar e fundamentalmente, um ato pessoal do próprio Cristo que nos alcança, no plano da visibilidade terrestre da Igreja. A liturgia é "viva" em virtude da presença viva d'Aquele que "morrendo destruiu a morte e ressuscitando nos restituiu a vida". Sem a presença real do mistério de Cristo, não há qualquer vitalidade litúrgica.

É do encontro com Cristo nas ações litúrgicas que se vive um processo de transformação do coração humano e de antecipação da plenitude da vida em Deus no hoje da salvação. O encontro com Deus não é fruto de uma individual busca interior d'Ele, mas é um dom recebido. Assim, graças a esse encontro que o homem se torna plenamente homem (DD 33). O verdadeiro encontro com Ele acontece na comunidade que celebra e canta os divinos louvores (SC 7). Não é uma adesão mental ao seu pensa-

---

[69] Prefácio da Solenidade do Sagrado Coração de Jesus.

[70] SC 5; LG 1, 3, 8 e 9; 48; GS 42 e 45; UR 3; AG 1, 5, 15, 20-21; PO 6, 22.

mento ou a subscrição de um código de comportamento imposto por Ele: é o imergir-se na sua paixão, morte, ressurreição e ascensão. Portanto, o encontro com Cristo nas ações litúrgicas é o caminho para superar uma visão racional e somente devocional da vivência sacramental[71].

Ao interior do mistério somos conduzidos pelo próprio Cristo. Ele é o nosso mistagogo principal, pois nos revela a obra da redenção e nos mostra a força salvífica presente no fazer em memória dele. Ao celebrarmos a liturgia, é o próprio Cristo que nos atinge e nos faz participantes do mistério de comunhão com Ele e com o Pai, no Espírito Santo. Este é o caminho da própria liturgia: vai do rito ao mistério, da ação para a compreensão, da compreensão à ação, da exterioridade para a interioridade, do visível ao invisível, dos sinais sensíveis para a realidade de fé invisível[72].

Quando a SC alarga a presença de Cristo nas ações litúrgicas e dá mais visibilidade a essa presença viva e atuante, tem o objetivo de mostrar que Ele é o protagonista principal das nossas celebrações. Cristo está presente na liturgia como mediador e como salvador, que torna presente a sua obra e nos faz partícipes dela, associando-nos à sua dinâmica sacerdotal e redentora: "É Ele o sacerdote verdadeiro que sempre se oferece por nós todos, mandando que se faça a mesma coisa que fez naquela ceia derradeira" (OE V). Tudo o que significamos, tudo o que fazemos e dizemos na cele-

---

[71] Cf. MARQUES, Luis. Sacrosanctum Concilium e os sacramentos, in: *Perspectiva Teológica*, v. 55, n. 3, 2023, p. 660.

[72] Cf. BUYST, Ione. *O segredo dos ritos: ritualidade e sacramentalidade da liturgia cristã*. São Paulo: Paulinas, 2011, p. 120-121.

bração litúrgica e sacramental são tão somente formas humanas pelas quais expressamos a presença atuante e salvadora de Deus invisível, mas misteriosamente visível nos sinais sensíveis[73].

Nesse sentido, a liturgia não é composta de ideias a serem comunicadas, mas de uma presença a ser percebida e experimentada. A beleza da liturgia não é uma questão estética de forma, mas uma questão teológica de conteúdo: a beleza da liturgia é a beleza da pessoa de Cristo e do seu dom pascal oferecido à comunidade celebrante (cf. SaC 35). O convite a evangelizar com a beleza da liturgia não representa o caminho estético da sociedade, mas um apelo a reconhecer qual a vocação que a liturgia quer exprimir e realizar, mesmo com os limites humanos (cf. EG 24).

A liturgia é bela na medida em que é epifania da graça salvífica de Cristo. A beleza da liturgia não consiste, então, na ostentação, mas na transparência dos gestos do Senhor. Não na exibição de um rito pomposo, mas na sóbria celebração do sacramento. É a nobre beleza e não a mera suntuosidade (cf. SC 124). Os gestos humanos são enriquecidos em gestos concretos: plenos de amor, salvação e eficácia, conservando o caráter simples e ordinário. Gesto e palavra encontram na liturgia uma correspondência recíproca que confere uma eloquência particular de encontro.

---

[73] Cf. BOROBIO, Dionisio. *Celebrar para viver: liturgia e sacramentos da Igreja*. São Paulo: Loyola, 2009, p. 33.

Fica evidente que o conhecimento de Cristo, questão decisiva para a nossa vida, não consiste em uma assimilação mental de uma ideia; mas, sim, em um real envolvimento existencial com a sua Pessoa. A celebração diz respeito à realidade de sermos dóceis à ação do Espírito, que nele opera, até que Cristo seja formado em nós (cf. DD 41).

> A Liturgia garante-nos a possibilidade desse encontro. Não nos basta ter uma vaga recordação da última Ceia: nós precisamos de estar presentes nessa Ceia, de poder ouvir a sua voz, de comer o seu Corpo e beber o seu Sangue: precisamos d'Ele. Na Eucaristia e em todos os sacramentos é-nos garantida a possibilidade de encontrar o Senhor Jesus e de ser alcançados pela potência da sua Páscoa. A potência salvífica do sacrifício de Cristo, de qualquer das suas palavras, de todos os seus gestos, olhares, sentimentos alcança-nos na celebração dos sacramentos. Eu sou Nicodemos e a Samaritana, o endemoninhado de Cafarnaum e o paralítico em casa de Pedro, a pecadora perdoada e a hemorroíssa, a filha de Jairo e o cego de Jericó, Zaqueu e Lázaro, o ladrão e Pedro perdoados. O Senhor Jesus, que "foi imolado sobre a cruz, mas não morrerá jamais; foi morto, mas agora vive para sempre", continua a perdoar-nos, a curar-nos, a salvar-nos com a potência dos seus sacramentos (DD 11).

3. O método mistagógico e a catequese

Observamos que ao longo da história a Igreja abandonou a disciplina do sigilo e o itinerário catecumenal dos primeiros séculos. Catequese e liturgia se distanciaram e a fé começou a ser racionalizada e explicada com conceitos filosóficos e teológicos. A metodologia mistagógica foi esquecida e o rito litúrgico, aos poucos, passou a ser repetido, sem se compreender o seu significado. A falta de compreensão fez com que o "devocionalismo" e o "piedosismo" surgisse com suas práticas, ofuscando e escondendo toda a riqueza simbólico-ritual da celebração do mistério de Cristo.

"A grande tradição litúrgica da Igreja ensina-nos que é necessário, para uma frutuosa participação, vivenciar o mistério que é celebrado, através do oferecimento a Deus da própria vida pela salvação do mundo inteiro. Assim, é preciso promover uma educação da fé eucarística que predisponha os fiéis a viverem pessoalmente o que se celebra. Com efeito, por sua natureza, a liturgia possui uma eficácia pedagógica própria para introduzir os fiéis no conhecimento do mistério celebrado. Por isso mesmo, na tradição mais antiga da Igreja, o caminho formativo do cristão – embora sem descurar a inteligência sistemática dos conteúdos da fé – assumia sempre um carácter de experiência, em que era determinante o encontro vivo e persuasivo com Cristo anunciado por autênticas testemunhas" (cf. SaC 64).

Por isso, faz-se urgente redescobrir as catequeses mistagógicas dos Padres, não apenas como um tempo, mas como um método, não para ser aplicado tal e qual, mas para servir de inspiração e modelo à formação cristã atual, que permita aos cristãos conhecerem os significados dos textos e gestos litúrgicos, a fim de experimentarem o mistério que celebram na liturgia. "Muitos manuais e planificações ainda não se deixaram interpelar pela necessidade duma renovação mistagógica, que poderia assumir formas muito diferentes de acordo com o discernimento de cada comunidade educativa" (EG 166).

Ainda hoje é preciso buscar uma mudança de mentalidade na maneira de catequizar. Sendo que não se guarda mais a *disciplina arcani*, ou seja, não se tem mais o sigilo, pois a maioria dos catequizandos já foram batizados e boa parte dos não batizados já "assistiu" a uma missa ou esteve presente em celebrações sacramentais, por exemplo, de batismo, crisma e matrimônio. Também, muitas destas celebrações fazem parte da programação das redes de televisão e são publicadas nas redes sociais.

Cabe-nos compreender que não faz sentido reservar a mistagogia apenas para o último tempo, como previsto pelo catecumenato da Igreja Primitiva. É preciso que atualizemos a prática, sem perder a referência inspiradora. É preciso compreender e assimilar o método mistagógico e aplicá-lo em nosso itinerário catequético. Isto significa que é necessário transformar nossos encontros em uma verdadeira catequese mistagógica, garantindo aos catequizandos/interlocutores a compreensão dos elementos que compõem a fé celebrada.

O papa Bento XVI, no documento pós-sinodal *Sacramentum Caritatis*, n. 64, afirma que um itinerário mistagógico possui três elementos:

a) Trata-se, primeiramente, da *interpretação dos ritos à luz dos acontecimentos salvíficos*, em conformidade com a tradição viva da Igreja; de fato, a celebração da Eucaristia, na sua riqueza infinita, possui contínuas referências à história da salvação. Em Cristo crucificado e ressuscitado, podemos celebrar verdadeiramente o centro recapitulador de toda a realidade (Ef 1,10); desde o seu início, a comunidade cristã leu os acontecimentos da vida de Jesus, e particularmente o mistério pascal, em relação com todo o percurso do Antigo Testamento.

b) Além disso, a catequese mistagógica há-de preocupar-se por *introduzir no sentido dos sinais* contidos nos ritos; esta tarefa é particularmente urgente numa época acentuadamente tecnológica como a atual, que corre o risco de perder a capacidade de perceber os sinais e os símbolos. Mais do que informar, a catequese mistagógica deverá despertar e educar a sensibilidade dos fiéis para a linguagem dos sinais e dos gestos que, unidos à palavra, constituem o rito.

c) Enfim, a catequese mistagógica deve preocupar-se por mostrar *o significado dos ritos para a vida cristã* em todas as suas dimensões: trabalho e compromisso, pensamentos e afetos, atividade e repouso. Faz parte do itinerário mistagógico pôr em evidência a ligação dos mistérios celebrados no rito com a responsabilidade missionária dos fiéis; neste sentido, o fruto maduro da mistagogia é a consciência de que a própria vida vai sendo progressivamente transformada pelos sagrados mistérios celebrados. Aliás, a finalidade de toda a educação cristã é formar o fiel enquanto "homem novo" para uma fé adulta, que o torne capaz de testemunhar no próprio ambiente a esperança cristã que o anima.

Falar em catequese e liturgia significa sair do campo puramente verbal, com explanações doutrinais e morais, para tornar-se uma catequese que fomente a participação ativa, consciente e genuína nas ações litúrgicas. Esse processo é possível ao não simplesmente explicar o sentido das celebrações, mas também formar a mente dos fiéis para a oração, a gratidão, a penitência e reconciliação, o espírito comunitário e o correto sentido da linguagem simbólica, uma vez que tudo isso é necessário para a experiência de uma autêntica vida litúrgica.

Na prática, é preciso que os catequistas "elucidem como a Igreja vive sua fé quando celebra a liturgia. A Palavra de Deus, os textos eucológicos (as orações da liturgia dirigidas a Deus) e os diferentes símbolos usados na liturgia oferecem aos catequistas material eminente e verdadeiramente valioso para a instrução"[74].

Ao elaborar um itinerário catequético, é necessário propor em alguns encontros uma sensibilização para os ritos e elementos utilizados nas ações litúrgicas. Em se tratando de uma catequese voltada a crianças e adolescentes, por exemplo, sugerimos iniciar por lhes apresentar nos encontros, dentro das temáticas refletidas, os elementos que constituem os vários símbolos. O catequista pode começar falando da água como elemento natural que gera vida e morte, por exemplo, ressaltando sua importância para o homem e para a natureza. Dedicar-se, então, a mostrar por que preservá-la, como criação de Deus. Posteriormente, recorrer à literatura bíblica, indicando que Deus utilizou a água de diversas formas até escolhê-la como principal elemento para visualizar o Batismo. Assim, a água, o óleo, o fogo, a luz, as velas, as cinzas, os

---

[74] CHUPUNGCO, Anscar J. *Inculturação Litúrgica. Sacramentais, religiosidade e catequese*. São Paulo: Paulinas, 2008, p. 151.

ramos, as flores, o pão e o vinho podem ser apresentados e explicados nos encontros de catequese devido ao seu valor simbólico. Também os gestos e uma sensibilização corporal devem ter seu lugar durante os encontros: o estar de pé, o sentar-se, o ajoelhar-se, a inclinação, o beijo, o lavar, a imposição ou o erguer das mãos, o olhar, o sentir, o cheirar, enfim, todos os sentidos devem ser resgatados nos encontros[75].

> A Liturgia é feita de coisas que são exatamente o oposto de abstrações espirituais: pão, vinho, azeite, água, perfume, fogo, cinzas, pedra, tecido, cores, corpo, palavras, sons, silêncios, gestos, espaço, movimento, ação, ordem, tempo, luz. Toda a criação é manifestação do amor de Deus: desde que o mesmo amor se manifestou em plenitude na Cruz de Jesus, toda a criação é atraída por Ele. É toda a criação que é assumida para ser posta ao serviço do encontro com o Verbo encarnado, crucificado, morto, ressuscitado, que subiu ao Pai. Tal como canta a oração sobre a água da fonte batismal, mas também a do óleo para o santo Crisma e as palavras da apresentação do pão e do vinho, frutos da terra e do trabalho do homem (DD 42).

Ainda, alguns símbolos litúrgicos "menores" podem ser levados para os encontros de catequese. Pode-se propor aos catequizandos, por exemplo, que confec-

[75] Cf. PARO, Thiago. *Catequese e liturgia na Iniciação cristã. O que é e como fazer.* Petrópolis: Vozes, 2018, p. 68-69.

cionem um círio pascal, explicando-lhes o significado e sentido de cada letra e número, da luz, da cera virgem da abelha... Posteriormente, então, abençoado e aceso na Vigília Pascal, esse tornar-se-á símbolo do Ressuscitado. Da mesma forma, o pão ázimo sovado pelos catequizandos, enchendo suas mãos de farinha, próximo à celebração da Primeira Eucaristia, pode dar mais sentido ao rito da comunhão.

E por fim, para que as catequeses mistagógicas se tornem uma realidade e introduzam os catequizandos no mistério da fé celebrado, recorramos ao costume dos Padres de habitualmente combinarem em seus escritos mistagógicos a tipologia bíblica e a teologia dos mistérios, para revelar os significados profundos dos ritos litúrgicos, vinculando a celebração dos sacramentos à História da Salvação e, por assim dizer, mergulhando os catequizandos e catecúmenos no plano salvífico de Deus.

Este percurso é explicitado pelo Catecismo da Igreja Católica, ao abordar o tema "como celebrar" (cf. CIgC 1152-1154). O Catecismo nos orienta que uma celebração sacramental, tecida de sinais e símbolos, faz parte da pedagogia divina da salvação e tem suas raízes na obra da criação e na cultura humana. Por isso apresenta quatro níveis de camadas, que necessitam ser reveladas para compreensão de seu significado.

A primeira são os sinais do mundo dos homens, pois na liturgia tudo é sinal da vida do ser humano (gestos e ações humanas), ganhando valor tudo o que vem da criação. "A liturgia da Igreja pressupõe, integra e santifica elementos da criação e da cultura humana conferindo-

-lhes a dignidade de sinais da graça, da nova criação em Jesus Cristo" (CIgC 1149).

A segunda são os sinais da aliança, onde os sinais cósmicos ganham uma função no Antigo Testamento (a unção e a consagração dos reis e dos sacerdotes, a imposição das mãos, os sacrifícios...), não mais apenas celebrações de ciclos cósmicos e gestos sociais, mas sinais da aliança. A Igreja vê, nesses sinais, uma prefiguração da salvação em Jesus Cristo.

Os sinais assumidos por Cristo fazem parte da terceira camada. Em sua vida pública, Jesus utiliza muitos sinais da criação para revelar os mistérios do Reino de Deus, dando "um sentido novo aos fatos e sinais da Antiga Aliança, particularmente ao êxodo e à Páscoa, por ser ele mesmo o sentido de todos esses sinais" (CIgC 1151).

É importante compreender essas três primeiras camadas, pois são elas responsáveis por revelar os sinais sacramentais. Já a quarta e última camada tece toda celebração sacramental, pois os sacramentos da Igreja não suprimem, antes purificam e integram toda a riqueza dos sinais e dos símbolos do cosmo e da vida social. Compreende-se que há uma significação não imposta, mas assumida pela história e tradição da Igreja. Não é criado do nada, de maneira alegórica. Ajudar nossos fiéis a compreenderem esses quatro níveis será fundamental para sua plena participação na celebração do mistério da Páscoa, da nossa salvação.

Assim, ao trabalhar os sentidos e significados dos sacramentos da Igreja, propõe-se partir do rito litúrgico de cada um, na lógica bíblica e na tradição dos Padres. Para tanto, convém levar os catequizandos a participarem da celebração dos sacramentos e sacramentais. Após esta experiência, partindo do rito vivenciado, explicar-lhes a simbologia e o significado do que viram e ouviram. Quão enriquecedor seria se os catequizandos, por exemplo, pudessem, com seus catequistas, acompanhar o padre na visita a um enfermo ou idoso para, ali, participar da celebração da Unção dos Enfermos. Ao testemunhar a realidade do doente e as limitações da idade, na prática, pode-se entender a necessidade deste sacramento na vida de quem o recebe. E durante os próximos encontros, se o catequista atenciosamente fizer perguntas a respeito da compreensão e interpretação dos catequizandos: Que rito é este? Entenderam o que o padre fez? Como o padre ungiu o doente? Por que lhe impôs as mãos? Qual foi sua oração?, com certeza, a catequese sobre este sacramento se encherá de sentido, e o momento vivenciado ficará guardado na mente e no coração dos catequizandos[76].

Ainda seria interessante que os batizados na infância, caso já não se recordassem de seu Batismo, pudessem, com seus catequistas, participar de uma celebração batismal na comunidade. Depois, nos encontros seguintes, pode-se pedir para trazerem uma foto de seu batizado e convidá-los a imaginar como foi este dia. Depois lhes será perguntado: "Entenderam o que aconteceu nesta ocasião? Quais ritos foram realizados? O porquê da água, da veste branca, da unção com o óleo?" Dispo-

[76] PARO, Thiago. *Catequese e liturgia na Iniciação cristã. O que é e como fazer*. Petrópolis: Vozes, 2018, p. 71.

nibilizar todos estes elementos no encontro para serem sentidos, olhados, cheirados e tocados enriquecerá o momento. Para o sacramento da Ordem, na impossibilidade de uma ordenação próxima, pensemos em quão rico seria selecionar gravações da ordenação diaconal e presbiteral dos padres da paróquia, de modo que eles mesmos possam contar aos catequizandos como foi este dia, o que sentiram...

> Enfim, compreendida como caminho mistagógico, a iniciação tem seu princípio ativo na própria iniciativa divina e na abertura livre da pessoa que se converte ao Deus vivo e verdadeiro, pela graça do Espírito, e se torna participante da comunidade de fé. É uma realidade dinâmica, que implica pessoa e comunidade. É caminho que conduz a uma nova configuração de cada pessoa em Jesus Cristo, em comunhão com os ensinamentos recebidos, com a vida da comunidade eclesial e como testemunho vivo da fé que professa[77].

De maneira gradativa, buscamos uma proposta pedagógica e mistagógica que revalorize os símbolos e ritos, fazendo-os passar pela mente e pelo coração dos fiéis. Assim, mais conscientes, esperamos transformar nossas celebrações em momentos significativos e autênticos de encontro com o Mistério. Desse modo, recuperaremos toda a riqueza teológica das ações litúrgicas e, na unidade

[77] COSTA, Rosemary. Mistagogia: um diálogo fecundo entre mística e pedagogia. *Revista Pistis & Praxis*, Curitiba, v. 6, n. 2, p. 698, maio/ago. 2014.

entre catequese e liturgia, resgataremos a metodologia do ensino e compreensão da liturgia para o itinerário de Iniciação à Vida Cristã. Agora, damos mais algumas pistas para ajudar o método:

1 - Primeiramente, é preciso compreender profundamente qual o mistério da fé celebrado na liturgia: O mistério da Páscoa, da paixão morte e ressurreição do Senhor. O conceito de participação no mistério pascal é um eixo mistagógico. A celebração torna sacramentalmente presente o mistério salvífico a que faz referência: a Páscoa de Jesus Cristo. Na liturgia, o neófito experimenta verdadeiramente a plenitude da vida cristã *na* celebração eucarística;

2- Depois compreender como a liturgia se comunica: um sinal visível que evoca e traz presente uma realidade invisível. A linguagem própria da liturgia, feita por ritos e símbolos revela e manifesta o Mistério da nossa fé;

3- Realizar uma sensibilização dos elementos que constituiem as ações rituais: água, fogo, luz, óleo, incenso, cinzas, gestos... buscando o sentido antropológico, o uso e sentido cotidiano, na Sagrada Escritura...;

4 - Ter e participar com os catecúmenos e catequizandos de liturgias preparadas e celebradas, que valorizem os sinais sensíveis e as ações ministeriais;

5 - Compreender o método mistagógico da liturgia e levá-lo para dentro do encontro de catequese;

6 - Utilizar o calendário litúrgico, com suas festas e espiritualidade, os textos litúrgicos, e toda a eucologia como fonte de reflexão do Mistério celebrado.

Para existir uma catequese mistagógica é preciso também conscientizar e iniciar aqueles que cuidam, preparam e presidem as celebrações dos sacramentos e sacramentais, para que as celebrações não sejam mero cumprimento de um rito, mas verdadeiramente celebração do mistério de Cristo, em que os sinais sensíveis atinjam a sensibilidade a partir da corporeidade e revelem o invisível presente. A liturgia não é apenas expressão intelectual, por isso a participação corporal tem função decisiva na celebração, exigindo que corpo e mente não sejam dissociados na oração. Os gestos, as atitudes e a expressão corporal de quem preside ou exerce algum ministério devem comunicar e manifestar a fé, e o mistério celebrado.

> Um modo para conservar e para crescer na compreensão vital dos símbolos da Liturgia é certamente o cuidado da arte de celebrar [...]. A um artesão basta a técnica; a um artista, para além de conhecimentos técnicos, não pode faltar a inspiração que é uma forma positiva de posse: o verdadeiro artista não possui uma arte, é possuído por ela. Não se aprende a arte de celebrar porque se frequenta um curso de oratória ou de técnicas de comunicação persuasiva (não julgo as intenções, vejo os efeitos). Qualquer instrumento pode servir, mas deve sempre submeter-se à natureza da Liturgia e à ação do Espírito. Há que dedicar-se diligentemente à celebração, deixando que seja a própria celebração a transmitir-nos a sua arte (DD 48-50).

É preciso sobretudo uma conversão pastoral, a começar com os presbíteros que presidem dominical e cotidianamente a celebração Eucarística, os sacramentos e sacramentais, para que superem o ritualismo, o rito pelo rito... redescubram a teologia e espiritualidade litúrgica, reconhecendo que são servidores da Igreja. A liturgia não deve ser manipulada e vista como gosto pessoal do padre, ou de um movimento ou espiritualidade de um grupo específico. É preciso, ainda, investir na formação dos seminaristas e na qualidade do ensino da liturgia, nas faculdades. Infelizmente, muitos dos professores de liturgia não tem formação específica. Acredita-se que "qualquer um" pode lecionar as disciplinas das ciências litúrgicas... É preciso investir mais na formação e capacitação de professores que se dedicam ao ensino da liturgia e da teologia dos sacramentos, unindo cada vez mais estas duas áreas do conhecimento teológico.

Redescobrir a ritualidade e a arte de celebrar, só assim a liturgia, com sua linguagem ritual, expressará simbolicamente as ações de Deus realizadas na história, comunicar-se-á de maneira eficaz e revelará o seu sentido e significado preservado e repetido ao longo da história, e que nos permite "voltar" até estes acontecimentos e deles participar, deixando que transformem nossa vida. Assim, fundamenta-se a busca de uma iniciação cristã que eduque para uma sensibilidade simbólico-ritual, que prepare os catequizandos, catecúmenos e neófitos, presbíteros e todo o povo de Deus para celebrar a partir da própria celebração. É necessário abandonar a lógica do mínimo necessário, segundo o qual eu não celebro verdadeiramente, finjo celebrar, mantendo apenas os "momentos essenciais". Sair dessa lógica nos obriga a respeitar os sacramentos por aquilo que são, ou seja, não são, antes de tudo, atos obrigatórios, mas atos gratuitos, onde faço a experiência do dom de Deus. A Igreja é feita, com certeza, das grandes tradições dogmáticas, morais e jurídicas, mas tudo isso serve, somente e sobretudo, para escutar verdadeiramente a Palavra de Deus e viver bem a Eucaristia[78].

A atuação da graça sacramental acontece no espaço-tempo totalmente humano e totalmente divino da celebração litúrgica. Como não acontece sacramento sem Cristo e sem a Igreja, não existe sacramento sem um concreto ato ritual que envolve o homem concreto em uma condição antropológica concreta. Para redescobrir o gênero ritual do sacramento é preciso renunciar à oposição entre teologia e antropologia, revelação de Deus e resposta do homem. Diante dos desafios lançados pelos movimentos atuais, não podemos somente desenvolver uma postura defensiva de estilo apologético, "mas uma atitude pedagógica, sobretudo, dando atenção ao corpo, ao movimento, à expressão, ao jogo e à festa"[79].

É a mistagogia que nos orienta para que a nossa tarefa de anúncio e evangelização não se detenha na doutrinação, no ensino ou numa concepção errônea. "Mais do que como peritos em diagnósticos apocalípticos ou juízes sombrios, que se comprazem em detectar qualquer perigo ou desvio, é bom que nos possam ver como mensageiros alegres de propostas altas, guardiões do bem e da beleza que resplandecem numa vida fiel ao Evangelho"

[78] Cf. GRILLO, Andrea. *Ritos que educam.* Brasília: CNBB, 2017, p. 64-67.

[79] MARQUES, Luis. Sacrosanctum Concilium e a forma ritual dos sacramentos, in: ASSOCIAÇÃO DOS LITURGISTAS DO BRASIL. Atualização Litúrgica 6. São Paulo: Paulus, 2024, p. 263-264.

(EG 168). A perspectiva mistagógica considera que o anúncio feito pelo pregador levanta questões que o iniciante já traz em seu íntimo. A mistagogia revela-nos a verdadeira compreensão da ação evangelizadora, como mediadora da dinâmica salvífica, ciente de seus limites e em permanente diálogo com Deus, pela meditação, pela oração, pela celebração comunitária e pela proclamação da Palavra de Deus. Nesse curso, iniciante e comunidade devem caminhar lado a lado, pois é a comunidade que assume a responsabilidade de ser mediadora da iniciativa gratuita e amorosa de Deus, no acolhimento do iniciante e durante sua formação e acompanhamento.

> O encontro catequético é um anúncio da Palavra e está centrado nela, mas precisa sempre duma ambientação adequada e duma motivação atraente, do uso de símbolos eloquentes, da sua inserção num amplo processo de crescimento e da integração de todas as dimensões da pessoa num caminho comunitário de escuta e resposta. É bom que toda a catequese preste uma especial atenção à via da beleza (*via pulchritudinis*). Anunciar Cristo significa mostrar que crer n'Ele e segui-Lo não é algo apenas verdadeiro e justo, mas também belo, capaz de cumular a vida dum novo esplendor e duma alegria profunda, mesmo no meio das provações (EG 166-167).

Conclusão

O coração é o centro da personalidade humana. Nessa perspectiva, podemos reafirmar que a Liturgia e Catequese é o centro da personalidade cristã e da vivência evangélica. A presença viva do cordeiro verdadeiro, Jesus Cristo, que "morrendo destruiu a morte e ressurgindo deu-nos a vida", faz que a ação litúrgica festeje a presença de Deus na história do ser humano: sem o coração pulsante de Cristo não há qualquer ação litúrgica. É do encontro com Cristo nas ações litúrgicas que se vive um processo de transformação do coração humano e de antecipação da plenitude da vida em Deus, no hoje da salvação. Por isso celebrar e iniciar ao mistério significa primeiramente compreender que o fundamento e centro de nossa fé é Jesus Cristo, que com sua morte de cruz e ressurreição salvou nossa humanidade decaída. Mistério este que se revela na celebração dominical e quotidiana da Eucaristia, dos demais sacramentos e sacramentais.

> De domingo em domingo, a Palavra do Ressuscitado ilumina a nossa existência, querendo realizar em nós aquilo para que foi mandada (cf. *Is* 55,10-11). De domingo em domingo, a comunhão no Corpo e no Sangue de Cristo quer fazer também da nossa vida um sacrifício

> agradável ao Pai, na comunhão fraterna que se faz partilha, acolhimento e serviço. De domingo em domingo, a força do Pão partido nos sustenta no anúncio do Evangelho no qual se manifesta a autenticidade da nossa celebração (DD 65).

O Concílio Vaticano II, na Constituição sobre a Sagrada Liturgia *Sacrosanctum Concilium*, uniu participação ativa com educação ritual (SC 26-35). Não há participação sem uma adequada formação. Não se pode vivenciar a liturgia ou colher os seus frutos sem a consciência do que se faz (cf. SC 13). Formar à liturgia ou no espírito da liturgia é educar a viver a plenitude cristã e humana através de escolhas evangélicas. A liturgia é também fonte de formação porque nela age o primeiro formador da mente e do coração: o Espírito Santo. Portanto, a formação litúrgica-catequética mostra como a realidade salvífica ultrapassa os limites do tempo e do espaço e alcança a comunidade celebrante em todas as épocas. Por isso a mistagogia é o itinerário que ajuda a entender o que os sacramentos significam para a vida. A vida sacramental é geradora do estilo próprio de ser cristão.

> A celebração diz respeito à realidade do nosso ser dóceis à ação do Espírito que nela opera, até que Cristo seja formado em nós (cf. *Gl* 4,19). A plenitude da nossa formação é a conformação a Cristo. Repito: não se trata de um processo mental, abstrato, mas de chegar a ser Ele. É esta a finalidade para a qual foi dado o Espírito, cuja

> ação é sempre e só a de fazer o Corpo de Cristo. É assim com o pão eucarístico, é assim para todos os batizados chamados a tornarem-se cada vez mais aquilo que receberam em dom no Batismo, isto é, a serem membros do Corpo de Cristo. Escreve Leão Magno: "A nossa participação no Corpo e no Sangue de Cristo não tem outro fim a não ser transformar-nos naquilo que recebemos" (DD 41).

A liturgia é vida e não uma ideia racional a ser compreendida. Ela deve nos levar a viver uma experiência iniciática, transformando o nosso modo de pensar e de se comportar, e não a enriquecer a própria bagagem de ideias acerca de Deus. O culto litúrgico é uma nascente de vida e de luz para o nosso caminho de fé e não somente uma doutrina a compreender ou um rito a realizar; naturalmente, é também isso, mas de outra maneira, indo muito além. Na oração litúrgica, experimentamos a comunhão representada não por um pensamento abstrato, mas pela ação contemporânea de Cristo e da Igreja.

Formar-se para a liturgia e deixar ser formado pela liturgia é uma das empreitadas infindáveis e, por isso mesmo, maravilhosa. Em cada recorte da oração, em cada movimento do rito e do corpo, na potência do símbolo e na delicadeza do sinal, na singeleza do silêncio, uma coisa é certa, encontramos elementos que nos ajudam a admirar-nos dos sutis vestígios da presença sublime, tão real e atuante do mistério de Cristo. Aproximar Deus do seu povo e o povo do seu Deus é a ação mais elementar da liturgia. É nela que encontramos a verdade da fé e a fé na verdade. É por ela que temos acesso à graça santificante que provém da Fonte de toda santidade. É com ela que fazemos comunidade que na fração do pão vivencia a Ceia do Senhor e o mistério da fé. Assim, para aproveitar dessa generosidade de Deus e da gratuidade da Igreja, precisamos de uma formação e uma catequese iniciática e mistagógica. Não podemos prescindir de uma inteligente sensibilidade que nos ajude a encontrar Deus nos sinais sensíveis da liturgia.

Da ação simbólico-ritual bem celebrada e vivenciada, nasce a catequese mistagógica, possibilitando a compreensão, interpretação e revelação do sentido teológico, do mistério celebrado. "A catequese litúrgica tem em vista introduzir no mistério de Cristo, procedendo do visível para o invisível, do significante para o significado, dos sacramentos para os mistérios" (CIgC 1075).

A vida espiritual, liturgicamente orientada, nasce da celebração vivida. Nesse sentido, hoje é preciso aprofundar a inter-relação insubstituível entre a fé professada (*lex credendi*), a fé celebrada – a ação ritual (*lex orandi*) e a fé vivida, refletida, testemunhada e transmitida (*lex vivendi*), pois muitas vezes não sabemos aproveitar ou dar continuidade ao rito celebrado e a participação ao Mistério eucarístico-litúrgico na vida quotidiana. Desse modo, necessitamos viver a espiritualidade a partir de um compromisso fora da ação ritual, mas ao mesmo tempo continuando a ação ritual. A liturgia é uma responsabilidade para a Igreja de hoje. A pergunta decisiva não é antes de tudo como os fiéis vivem a liturgia, mas se eles vivem da liturgia que celebram[80].

---

[80] Cf. MARQUES, Luis. *A mistagogia da missa. Nos ritos e nas preces*. Petrópolis: Vozes, 2023, p. 168.

No mundo atual, uma abordagem intelectualista e racional não é mais suficiente para a vida eclesial. Não basta dar catequese, conteúdos bíblicos-catequéticos, ensinamentos morais, alguma explicação sobre a celebração dos sacramentos, recordar algumas rubricas e ter como fonte a Instrução Geral do Missal Romano. Em particular, a formação litúrgica não deve ser reduzida ao "pode ou não pode". É o próprio mistério celebrado que inicia e forma. Sendo assim, devemos compreender que somos formados não *para* a recepção dos sacramentos, mas *pela* celebração dos sacramentos.

Diferentemente da Igreja primitiva, que só iniciava adultos não batizados (catecúmenos), nós nos deparamos hoje com diversas realidades em nossas comunidades paroquiais: crianças, adolescentes, jovens e adultos, alguns batizados na infância e outros não. A cada grupo, é necessário pensar e constituir um itinerário específico... que supere a visão reducionista de iniciação, em que o fim não seja receber os sacramentos, mas formar discípulos missionários de Jesus Cristo. Nesse processo, é fundamental envolver toda a comunidade eclesial, em que cada pastoral, movimento, associação tenha uma função dentro do processo, pois só assim compreenderemos o que é uma Igreja, como casa da iniciação cristã[81].

Nesse sentido, o Documento 107 incentiva a elaboração de um Projeto Diocesano de Iniciação à Vida Cristã, cujo objetivo "será desenvolver um processo que leve a uma maior conversão a Jesus Cristo, forme discípulos, renove a comunidade eclesial e suscite missionários que

---

[81] Cf. CNBB, Diretrizes *Gerais da Ação Evangelizadora da Igreja do Brasil 2015-2019*, n. 41-46.

testemunhem sua fé na sociedade"[82]. A dinamização e coordenação desse projeto poderão ficar a cargo de uma comissão constituída para esse fim, por exemplo, a Comissão Diocesana e Paroquial de Iniciação à Vida Cristã. Não se trata de mais uma pastoral, mas de uma pastoral de conjunto, em que diversos grupos (pastorais, movimentos, associações, leigos e leigas, e clero), unir-se-ão em torno de uma ação, de um movimento e de uma pastoral comum, orgânica e sinodal.

[82] CNBB, Documento 107, n. 141, p. 66.

Referências Bibliográficas

AMBRÓSIO DE MILÃO. *Explicação do Símbolo*, 1. Patrística. v. 5. São Paulo: Paulus, 1996.

ANCILLI. E. (Ed.) *Mistagogia e direzione spirituale*. Roma: Pontificio istituto di spiritualita del Teresianum; Milano: O. R., 1985.

ASSOCIAÇÃO DOS LITURGISTAS DO BRASIL. *Atualização Litúrgica* 6. São Paulo: Paulus, 2024.

BECKHAUSER, A. *A liturgia da missa: teologia e espiritualidade da Eucaristia*. Petrópolis: Vozes, 2012.

BENTO XVI. Exortação pós-sinodal *Sacramentum Caritatis*. São Paulo: Paulinas, 2007.

BENTO XVI. *Exortação apostólica pós-sinodal Sacramentum Caritatis:* Sobre a eucaristia, fonte e ápice da vida e da missão da Igreja. São Paulo: Paulinas, 2010.

BIFFI, Innis. *Liturgia, sacramentos, festas*. Petrópolis: Vozes, 2022

BONACCORSO, G. *Celebrare la salvezza: lineamenti di liturgia*. Pádua: Messaggero, 2003.

__________. *Rito*. São Paulo: Loyola, 2024.

BOROBIO, Dionisio. *Celebrar para viver: liturgia e sacramentos da Igreja*. São Paulo: Loyola, 2009.

BOSELLI, Goffredo. *O sentido espiritual da liturgia*. Coleção vida e liturgia da Igreja vol. 1. Brasília: Edições CNBB, 2014.

BUYST, I; SILVA, J. *O mistério celebrado: memória e compromisso I*. São Paulo: Paulinas, 2003.

CASEL, O. *O mistério do culto no cristianismo*. São Paulo: Loyola, 2009.

CHUPUNGCO, Anscar J. *Inculturação Litúrgica. Sacramentais, religiosidade e catequese*. São Paulo: Paulinas, 2008.

CIRILO DE JERUSALÉM. *Catequeses Mistagógicas 2,3*. Petrópolis: Vozes, 2004.

CNBB. *Diretrizes Gerais da Ação Evangelizadora da Igreja no Brasil 2015-2019*. Documento 102. Brasília: Edições CNBB, 2015.

__________. *Iniciação à Vida Cristã: um processo de inspiração catecumenal*. Estudo 97. Brasília: Edições CNBB, 2009.

__________. *Iniciação à Vida Cristã: itinerário para formar discípulos missionários*. Documento 107. Brasília: Edições CNBB, 2017.

COSTA, Rosemary Fernandes. *Mistagogia hoje. O resgate da experiência mistagógica dos primeiros séculos da Igreja para a evangelização e catequese atuais*. São Paulo: Paulus, 2014.

__________. Mistagogia: um diálogo fecundo entre mística e pedagogia. Revista Pistis & Praxis, Curitiba, v. 6, n. 2, p. 698, maio/ago. 2014.

COSTA, Valeriano Santos. *A Liturgia na iniciação cristã*. São Paulo: LTR, 2008.

DIDAQUÉ. Catecismo dos primeiros cristãos. 10. ed. Petrópolis: Vozes, 1970.

ELIADE, Mircea. *Origens: histórias e sentido na religião*. Lisboa: Ed. 70 LTDA, 1989.

ELBERTI, A. *A liturgia no Mistério da Igreja*. Cadernos do Concílio 6. Brasília: Ed. CNBB, 2023.

FRANCISCO. *Carta Apostólica Desiderio Desideravi, sobre a formação litúrgica do povo de Deus*. Documentos Pontifícios 53. Brasília: Edições CNBB, 2022.

________. FRANCISCO. Exortação apostólica *Evangelli Gaudium*. Brasília: CNBB, 2013.

________. *Carta Encíclica Dilexit nos: sobre o amor humano e divino do Coração de Jesus* - Documentos Pontifícios 64. Brasília: Edições CNBB, 2024.

GRILLO, Andrea. *Ritos que educam*. Brasília: CNBB, 2017.

MARQUES, Luis. *A mistagogia da missa*. Nos ritos e nas preces. Petrópolis: Vozes, 2023.

________. A iniciação cristã hoje: educar o desejo e consolidar a fé, in: PARANHOS, W. (org.). *Iniciação à Vida Cristã. O que é? Com quem? Como?* São Paulo: Loyola, 2024.

________. Sacrosanctum Concilium e a forma ritual dos sacramentos, in: ASSOCIAÇÃO DOS LITURGISTAS DO BRASIL. Atualização Litúrgica 6. São Paulo: Paulus, 2024, p. 229-264.

________. Sacrosanctum Concilium e os sacramentos, in: *Perspectiva Teológica*, v. 55, n. 3, 2023, p. 651-670.

MARSILI, Salvatore. *Sinais do mistério de Cristo*. São Paulo: Paulinas, 2010.

MARTÍN, Julian. *A liturgia da Igreja: teologia, história, espiritualidade e pastoral*. Petrópolis: Vozes, 2022.

MAZZA, Enrico. A mistagogia: as catequeses litúrgicas do fim do século IV e seu método. São Paulo: Loyola, 2020.

NEVES, M; MARQUES, L. *A Liturgia como ação simbólica-ritual*. Revista Eclesiástica Brasileira, v. 84, n. 327, p. 72, Jan./Abr. 2024.

PAIVA, Vanildo. *Catequese e liturgia*. Duas faces do mesmo mistério. São Paulo: Paulus, 2020.

PARO, Thiago F. *As celebrações do RICA. Conhecer para bem celebrar*. Petrópolis: Vozes, 2017.

_________. *Catequese e Liturgia na Iniciação Cristã: o que é e como fazer*. Petrópolis: Vozes, 2018.

_________. *Livro de inscrição dos Eleitos*. Petrópolis: Vozes, 2018.

_________. *O Caminho. Subsídio para iniciação à vida cristã com adultos*. Catequista. Petrópolis: Vozes, 2021.

PARANHOS, W. (org.). Iniciação à Vida Cristã. O que é? Com quem? Como? São Paulo: Loyola, 2024.

PEREIRA, J. (Org.) et alii. *Formação mistagógica da celebração eucarística*. Brasília: Edições CNBB, 2023.

PIMENTEL, Márcio. Para saborear a Eucaristia: Liturgia entre símbolo e rito. In: Revista de Liturgia, n. 305, ano 51, set./out. 2024, p. 16-18.

PONTIFÍCIO CONSELHO PARA A PROMOÇÃO DA NOVA EVANGELIZAÇÃO. Diretório para a catequese – Doc.53. Brasília: Ed. CNBB. 2020.

QUEZINI, Renato. A pedagogia da iniciação cristã. São Paulo: Paulinas, 2013.

RITUAL DA PENITÊNCIA. 2. ed. São Paulo: Paulus, 2006.

ROCHA, Cátia. Iniciação Mistagógica: a restauração proposta pelo Concílio Vaticano II. Brasília: ISB, 2024.

ROCHETTA, Carlo. *Teologia da ternura. Um evangelho a descobrir*. São Paulo: Paulus, 2014.

SESBOUE, Bernard. *Convite a crer*. São Paulo: Loyola, 2024.

SILVA, Marta. A presença mística de Cristo na assembleia litúrgica: Ele está no meio de nós. Revista *TeoPraxis*, Rio de Janeiro, v. 1, n. 2, p. 95-110, jul./dez. 2021.

SIRBONI, S. *Il linguagio simbolico della liturgia*. Milano: San Paolo, 1999.

Este livro foi composto com as famílias tipográficas Good Times, Minion Pro e Source Sans
e impresso em papel Offset 70g/m^2 pela **Gráfica Santuário.**